Corinna Grühn

Einführung in das Sozialrecht

Mit Beispielen für den leichten Einstieg

ISBN 978-3-86724-082-6

5. Auflage 2013

© 2013 niederle media

Bezug möglich direkt vom Verlag
niederle media
48341 Altenberge
Fax (02505) 93 98 99
E-Mail: info@niederle-media.de
www.niederle-media.de

▶ Inhalt

▶ Einführung in das Sozialrecht

**Kapitel 1: Verfassungsrechtliche Grundlagen
des Sozialrechts und Überblick**   9

I. Verfassungsrechtliche Grundlagen   9
  1. Art. 20 I, 28 I GG-Sozialstaatsprinzip   9
  2. Art. 1 I GG - Menschenwürde   10
  3. Art. 3 GG – Gleichheitsgrundsatz   12
  4. Weitere Freiheitsgrundrechte   14

**II. Europäische und internationale Grundlagen
des Sozialrechts**   16

III. Überblick über das Sozialrecht   17
  1. Vorsorge   18
  2. Entschädigung   19
  3. Hilfe und Förderung   20
Dreiteilung der Sozialen Sicherung – Übersicht   22
  4. Entwicklung der Sozialgesetzbücher   23

Kapitel 2: Das soziale Vorsorgesystem   24

I. Einführung und SGB IV   24

II. Das SGB V – die gesetzliche Krankenversicherung   25
  1. Versicherungspflichtiger Personenkreis   26
  2. Aufgaben und Leistungen   26
  3. Das Leistungserbringerrecht   30
  4. Organisation und Finanzierung   31

III. Das SGB XI – die soziale Pflegeversicherung   32
  1. Versicherungspflichtiger Personenkreis   34
  2. Versicherungsfall Pflegebedürftigkeit   34
  3. Aufgaben und Leistungen   37
  4. Organisation und Finanzierung   39

IV. Das SGB VI – die gesetzliche Rentenversicherung   39
  1. Versicherungspflichtiger Personenkreis   40
  2. Aufgaben und Leistungen   41
  3. Organisation und Finanzierung   45

V. Das SGB VII – die gesetzliche Unfallversicherung   45
  1. Versicherungspflichtiger Personenkreis   46
  2. Versicherungsfall   47
    a. Der Arbeitsunfall   47
    b. Die Berufskrankheit   50
    c. Versicherungsfall bei der unechten Unfallvers.   50
  3. Aufgaben und Leistungen   51
  4. Organisation und Finanzierung   51

VI. Das SGB III – die Arbeitsförderung   51
  1. Leistungsberechtigte und versicherungspflichtiger
    Personenkreis   52
  2. Aufgaben und Leistungen nach dem SGB III   54
    a. Leistungen für Nicht-Versicherte und Versicherte   54
    b. Leistungen für Versicherte   55
      aa. Vermittlung und Vermittlungsgutschein   55
      bb. Gründungszuschuss   55
      cc. Berufsausbildungsbeihilfe   56
      dd. Entgeltersatzleistungen, insbesondere das
        Arbeitslosengeld nach §§ 136 ff. SGB III   56
    c. Leistungen für Arbeitgeber   62
    d. Leistungen für Träger   62
    e. Besonderheit: Leistungen für behinderte
      Menschen im Arbeitsleben   62
  3. Organisation und Finanzierung   62
Die Sozialversicherung – Übersicht   63

Kapitel 3: Soziale Hilfe- und Fördersysteme   65

I. Das SGB II – die Grundsicherung für Arbeitssuchende   65
  1. Leistungsberechtigte   66
    a. Berechtigte nach § 7 I SGB II   66
      aa. Alter und Altersgrenze, §§ 7 I, 7a SGB II   66
      bb. Erwerbsfähigkeit nach § 8 SGB II   66
      cc. Hilfebedürftigkeit nach § 9 SGB II   67
      dd. Gewöhnlicher Aufenthalt in der Bundesrepublik   73
    b. Berechtigte nach § 7 II SGB II   73
    c. Leistungsausschluss und weitere Berechtigte
      nach § 7 IV-VI SGB II   74
  2. Leistungen   76
    a. Leistungen zur Eingliederung in Arbeit   76
      aa. Der persönliche Ansprechpartner   76
      bb. Die Eingliederungsvereinbarung   77

cc. Das Sofortangebot 77
dd. Leistungen zur Eingliederung 78
ee. Kommunale Eingliederungsleistungen 78
ff. Einstiegsgeld und Leistungen zur Eingliederung
    von Selbständigen 78
gg. Arbeitsgelegenheiten 79
hh. Leistungen zur Beschäftigungsförderung und
    weitere Förderinstrumente 79
b. Leistungen zur Sicherung des Lebensunterhalts 79
aa. Regelleistung nach §§ 19, 20 SGB II 80
bb. Mehrbedarfe nach § 21 SGB II 80
cc. Kosten der Unterkunft nach § 22 SGB II 81
dd. Besonderheiten beim Sozialgeld nach § 23 SGB II 82
ee. Abweichende Erbringung von Leistungen
    nach § 24 SGB II 83
ff. Leistungen nach §§ 25, 26 SGB II 83
gg. Leistungen für Auszubildende nach § 27 SGB II 83
hh. Bedarfe für Bildung und Teilhabe §§ 28, 29 SGB II 84
Exkurs: Der Kinderzuschlag nach § 6a BKGG und
Leistungen zur Bildung und teilhabe § 6b BKGG 84
Leistungen des SGB II – Übersicht 86
3. Pflichtverletzungen nach §§ 31 ff. SGB II 87
Sanktionen im SGB II – Übersicht 88
4. Organisation und Finanzierung 89

II. Das SGB XII – die Sozialhilfe 89
Allgemeine Leistungsgrundsätze – Übersicht 91
1. Hilfe zum Lebensunterhalt nach §§ 27 ff. SGB XII 91
2. Grundsicherung im Alter und bei Erwerbsminderung
   nach §§ 41 ff. SGB XII 94
3. Hilfen zur Gesundheit nach §§ 47 ff. SGB XII 96
4. Eingliederungshilfe für behinderte Menschen
   nach §§ 53 ff. SGB XII 96
a. Leistungsberechtigter Personenkreis 96
b. Leistungen der Eingliederungshilfe 97
c. Persönliches Budget nach § 57 SGB XII und
   Gesamtplan nach § 58 SGB XI 98
5. Hilfe zur Pflege nach §§ 61 ff. SGB XII 98
6. Hilfe zur Überwindung besonderer sozialer
   Schwierigkeiten nach §§ 67 ff. SGB XII 99
7. Hilfe in anderen Lebenslagen nach §§ 70 ff. SGB XII 101
8. Organisation und Finanzierung 101
Exkurs: Das Asylbewerberleistungsgesetz (AsylbLG) 102

**III. Das SGB IX – Rehabilitation und Teilhabe
behinderter Menschen**   **103**
  1. Regelungen für behinderte und von Behinderung
     bedrohte Menschen nach §§ 1-67 SGB IX   104
Leistungen des SGB IX – Übersicht   **105**
  2. Das Schwerbehindertenrecht nach §§ 68-169 SGB IX   105

IV. Weitere Gesetze im System der Hilfe und Förderung   **106**
  1. Das SGB VIII – Kinder- und Jugendhilfe   106
  2. Die sog. familienentlastenden Leistungen/
     Familienleistungsausgleich   107
  3. Die Ausbildungsförderung nach dem BAföG   107
  4. Das Wohngeld nach dem WoGG   108

Kapitel 4: Das Soziale Entschädigungssystem   **109**

I. Das BVG und das SVG   **109**
II. Das OEG   **110**
III. Weitere Gesetze   **112**
IV. Die Leistungen   **113**
V. Organisation   **113**

**Kapitel 5: Der Allgemeine Teil des SGB und das
           Sozialverwaltungs- und gerichtsverfahren –
           SGB I, X, SGG / VwGO**   **114**

I. Das SGB I – der allgemeine Teil   **114**
II. Das SGB X – das Sozialverwaltungsverfahren   **116**
III. Das SGG und die VwGO   **118**
**Zuständigkeit Sozialgericht – Verwaltungsgericht
- Übersicht**   **119**

▶ Vorwort

Dieses Skript ist gedacht als Einführung in die Grundlagen des Sozialrechts. Es kann für einen ersten Einstieg in die Materie des Sozialrechts ebenso genutzt werden, wie für die Prüfungsvorbereitung, als auch begleitend zur Lehrveranstaltung durchgearbeitet werden. Nicht ersetzt werden kann durch dieses Skript die Lektüre von weitergehenden Lehrbüchern, Gerichtsentscheidungen und Aufsätzen. Auf einschlägige und weiterführende Literatur wird in den Kapiteln jeweils hingewiesen.

Dieses Skript richtet sich an Studierende der **Rechtswissenschaften** ebenso wie an Studierende der **Sozialen Arbeit** und **Sozialpädagogik**. Selbstverständlich sind die jeweiligen Anforderungen an das Vertiefen unterschiedlich – so wird der / die Studierende der Sozialen Arbeit mit diesem Skript bereits einen Großteil des prüfungsrelevanten Stoffes komplett erarbeiten, während die Studierenden der Rechtswissenschaft hier anhand der angegebenen Literatur noch wesentlich weiter einsteigen müssen.

Das Skript hat den Anspruch, einen Gesamtüberblick über das Sozialrecht zu verschaffen, mit der Besonderheit, dass auf die Bereiche der Sozialen Hilfe- und Fördersysteme ein besonderes Augenmerk gerichtet wird. Dies gilt insbesondere für SGB II und XII, nicht jedoch für das SGB VIII. Da sei an dieser Stelle auf das (ebenfalls in dieser Reihe) erschienene Skript *Einführung in das Kinder- und Jugendhilferecht* hingewiesen.

Für anstehende Prüfungen – deren gutes Gelingen hoffentlich durch dieses Skript unterstützt wird, seien bereits jetzt die Daumen gedrückt.

Corinna Grühn

▶ Unsere 📖 Skripten 🗐 Karteikarten 🎧 Hörbücher (CD & MP3)

Zivilrecht

- 📖 Standardfälle für Anfänger (7,90 €)
- 📖 Grundlagen und Fälle BGB für 1. und 2. Sem. (9,90 €)
- 📖 🎧 Standardfälle BGB AT (7,90 €)
- 📖 🎧 Standardfälle Schuldrecht (7,90 €)
- 📖 🎧 Standardfälle Ges. Schuldverh., §§ 677, 812,823
- 📖 🎧 Standardfälle Sachenrecht (7,90 €)
- 📖 🎧 Standardfälle Familien- und Erbrecht (7,90 €)
- 📖 Klausuren Übung für Fortgeschrittene (7,90 €)
- 📖 🎧 Basiswissen BGB (AT) (Frage-Antwort)
- 📖 🎧 Basiswissen SchuldR (AT) 📖 🎧 SchuldR (BT) (7 €)
- 📖 🎧 Basiswissen Sachenrecht, 📖 🎧 FamR, 📖 🎧 ErbR
- 📖 Einführung in das Bürgerliche Recht (7,90 €)
- 📖 Studienbuch BGB (AT) (12 €)
- 📖 Studienbuch Schuldrecht (AT) (12 €)
- 📖 Schuldrecht (BT) 1 - §§ 437, 536, 634, 670 ff. (7,90 €)
- 📖 Schuldrecht (BT) 2 - §§ 812, 823, 765 ff. (7,90 €)
- 📖 SachenR 1 – Bewegl. S., 📖 SachenR 2 – Unb. S. (7,9 €)
- 📖 Familienrecht und 📖 Erbrecht (Einführungen) (7,90 €)
- 📖 Streitfragen Schuldrecht (7,90 €)
- 📖 🎧 Definitionen für die Zivilrechtsklausur (9,90 €)

Strafrecht

- 📖 🎧 Standardfälle für Anfänger Band 1 (9,90 €)
- 📖 Standardfälle für Anfänger Band 2 (7,90 €)
- 📖 Standardfälle für Fortgeschrittene (12 €)
- 📖 🎧 Basiswissen Strafrecht (AT) (Frage-Antwort)
- 📖 🎧 Basiswissen Strafrecht BT 1 und 📖 🎧 BT 2 (7 €)
- 📖 Strafrecht (AT) (7,90 €)
- 📖 Strafrecht (BT) 1 – Vermögensdelikte (7,90 €)
- 📖 Strafrecht (BT) 2 – Nichtvermögensdelikte (7,90 €)
- 📖 🎧 Definitionen für die Strafrechtsklausur (7,90 €)

Irrtümer und Änderungen vorbehalten!

Öffentliches Recht

- 📖 Standardfälle Staatsrecht I – StaatsorgaR (9,90 €)
- 📖 Standardfälle Staatsrecht II – Grundrechte (9,90 €)
- 📖 🎧 Standardfälle f. Anfänger (StaatsorgaR u. GRe) (7,9 €)
- 📖 Standardfälle Verwaltungsrecht (AT) (9,90 €)
- 📖 Standardfälle Polizei- und Ordnungsrecht (7,90 €)
- 📖 Standardfälle Baurecht (7,90 €)
- 📖 Standardfälle Europarecht (9,90 €)
- 📖 Standardfälle Kommunalrecht (7,90 €)
- 📖 🎧 Basiswissen StaatsR I –StaatsorgaR (Fr-Antw.) (7 €)
- 📖 🎧 Basiswissen StaatsR II –GrundR (Frage-Antw.) (7 €)
- 📖 Basiswissen VerwaltungsR AT– (Frage-Antwort) (7 €)
- 📖 Studienbuch Staatsorganisationsrecht (9,90 €)
- 📖 Studienbuch Grundrechte (9,90 €)
- 📖 Studienbuch Verwaltungsrecht AT (9,90 €)
- 📖 Studienbuch Europarecht (12 €) u. 🎧 Basiswissen EuR
- 📖 Staatshaftungsrecht (9,90 €)
- 📖 VerwaltungsR 1 – VwVfG u. 📖 AT 2–VwGO (7,90 €)
- 📖 VerwaltungsR BT 1 – POR (7,90 €)
- 📖 VerwaltungsR BT 2 – BauR 📖 BT 3 – UmweltR (7,90 €)
- 📖 🎧 Definitionen Öffentliches Recht (9,90 €)

Steuerrecht

- 📖 Abgabenordnung (AO) (9,90 €)
- 📖 Einkommensteuerrecht (EStG) (9,90 €)
- 📖 Umsatzsteuerrecht (9,90 €)
- 📖 Erbschaftsteuerrecht (9,90 €)
- 📖 Steuerstrafrecht/Verfahren/Steuerhaftung (7,90 €)

Sozialrecht

- 📖 Kinder- und Jugendhilferecht (7,90 €)
- 📖 Sozpäd. Diagn.: SPFH & ambul. Hilfen d. KJH
- 📖 Sozialrecht (7,90 €)

Nebengebiete

- 📖 🎧 Standardfälle Handels- & GesR (7,90 €)
- 📖 🎧 Standardfälle Arbeitsrecht (7,90 €)
- 📖 Standardfälle ZPO (9,90 €)
- 📖 🎧 Basiswissen HandelsR (Frage-Antwort) (7,9 €)
- 📖 🎧 Basiswissen Gesellschaftsrecht (7,90 €)
- 📖 🎧 Basiswissen ZPO (Frage-Antwort) (7,90 €)
- 📖 🎧 Basiswissen StPO (Frage-Antwort) (7,90 €)
- 📖 Handelsrecht (7,90 €)
- 📖 Gesellschaftsrecht (7,90 €)
- 📖 Arbeitsrecht (7,90 €)
- 📖 Kollektives Arbeitsrecht (9,90 €)
- 📖 ZPO I – Erkenntnisverfahren (7,90 €)
- 📖 ZPO II – Zwangsvollstreckung (7,90 €)
- 📖 Strafprozessordnung – StPO (7,90 €)
- 📖 Einf. Internationales Privatrecht - IPR (9,90 €)
- 📖 Standardfälle IPR (9,90 €)
- 📖 Einf. Internationales Wirtschaftsrecht (9,90 €)
- 📖 Insolvenzrecht (9,90 €)
- 📖 Gewerbl. Rechtsschutz/Urheberrecht (9,90 €)
- 📖 Wettbewerbsrecht (9,90 €)
- 📖 Ratgeber 500 Spezial-Tipps für Juristen (12 €)
- 📖 Mediation (7,90 €)

Karteikarten (je 9,90 €)

- 🗐 Zivilrecht: BGB AT/Grundlagen/ 🎧 Schemata
- 🗐 Strafrecht: AT/BT-1/BT-2/Streitfragen
- 🗐 Öffentliches Recht: StaatsorgaR/GrundR/VerwR

Assessorexamen

- 📖 Der Aktenvortrag im Strafrecht (7,90 €)
- 📖 Der Aktenvortrag im Zivilrecht (7,90 €)
- 📖 Der Aktenvortrag im Öffentlichen Recht (7,90 €)
- 📖 Staatsanwalt!. Sitzungsdienst & Plädoyer (7,90 €)
- 📖 Die strafrechtliche Assessorklausur (7,90 €)
- 📖 Die Assessorklausur VerwR Bd. 1 (7,90 €)
- 📖 Die Assessorklausur VerwR Bd. 2 (7,90 €)
- 📖 Vertragsgestaltung in der Anwaltsstation (7 €)

Irrtümer und Änderungen vorbehalten!

BWL

- 📖 Einführung i. die Betriebswirtschaftslehre (7,90 €)
- 📖 Marketing (7 €)
- 📖 Organisationsgestaltung & -entwickl. (7,90 €)
- 📖 Internationales Management (7 €)
- 📖 Wie gelingt meine wiss. Abschlussarbeit? (7 €)

Irrtümer und Änderungen vorbehalten!

Schemata

- 📖 Die wichtigsten Schemata-ZivR,StrafR,ÖR (12 €)
- 📖 Die wichtigsten Schemata–Nebengebiete (9,90 €)

🎧 bedeutet: auch als **Hörbuch** (CD oder MP3-Download) lieferbar!

Im **niederle-shop.de** bestellte Artikel treffen idR *nach 1-2 Werktagen* ein!

Kapitel 1: Verfassungsrechtliche Grundlagen des Sozialrechts und Überblick

Im ersten Kapitel soll kurz auf die verfassungsrechtlichen Grundlagen des Sozialrechts eingegangen und sodann ein erster Überblick über das Sozialrecht geschaffen werden.

I. Verfassungsrechtliche Grundlagen

Im Gegensatz zu diversen Landesverfassungen weist das Grundgesetz neben dem Art. 6 I GG – Recht der Mutter auf Schutz und Fürsorge - keine sozialen Grundrechte auf. Dennoch verfügt die Bundesrepublik Deutschland über ein sehr umfänglich und auch kleinteilig geregeltes Sozialrecht. Auch wenn das Grundgesetz keine ausdrücklich formulierten sozialen Grundrechte, also unmittelbar formulierte verfassungsrechtliche Ansprüche des Bürgers oder der Bürgerin gegen den Staat enthält, gibt es dennoch zahlreiche Anhaltspunkte in der Verfassung, die die Entwicklung und Auslegung des Sozialen im Recht fordern und vorantreiben. Wesentlichen Anteil an dieser Entwicklung hat jedoch auch immer wieder das BVerfG mit seinen Entscheidungen.

Als ganz wesentliche verfassungsrechtliche Grundlagen des Sozialrechts sind zu nennen Art. 1, Art. 3 und die Art. 20 I und Art. 28 I GG.

Literatur

📖 Vgl. zum Einfluss des Verfassungsrechts auf das Sozialrecht: Hans-Jürgen Papier, Sozialrechtshandbuch, 2012, § 3.

1. Art. 20 I, 28 I GG - Sozialstaatsprinzip

Das in Art. 20 I und 28 I GG genannte Sozialstaatsprinzip steht gleichberechtigt neben den, unseren Staat so prägenden, Staatsprinzipien wie Demokratie und Rechtsstaatlichkeit und dient (zumeist in der Verbindung mit einzelnen Grundrechten) der Begründung verfassungsrechtlicher Ansprüche. Auch wenn der Gesetzgeber an dieses Prinzip gebunden ist, so bedeutet dies kein starres Festhalten an sozialrechtlichen Gegebenheiten, beispielsweise ist die Sozialversicherung als solche nicht verfassungsrechtlich geschützt. Vielmehr steht dem Gesetzgeber ein breites

Spektrum an Möglichkeiten zur Durchsetzung des Sozialstaatsprinzips zur Verfügung. Eine Verpflichtung besteht jedoch zum grundsätzlichen Handeln im Sinne des Sozialstaatsprinzips (Gestaltungsauftrag des Gesetzgebers, Handlungspflicht und Handlungsauftrag des Gesetzgebers).

Siehe zum Existenzminimum unter 2. Art. 1 I GG.

2. Art. 1 I GG - Menschenwürde

Art. 1 I GG erklärt die Würde des Menschen für unantastbar und verpflichtet alle staatliche Gewalt, sie zu achten und zu schützen. Als Grundrecht ist Art. 1 I GG nicht nur Abwehrrecht gegen Eingriffe des Staates, sondern es ergibt sich auch die Pflicht des Staates, die Menschenwürde positiv zu schützen. Art. 1 I GG verpflichtet den Staat daher zur Gewährleistung eines menschenwürdigen Daseins, d.h. zur Sicherung des Existenzminimums. Das Grundrecht auf Gewährleistung eines menschenwürdigen Existenzminimums aus Art. 1 I GG in Verbindung mit dem Sozialstaatsprinzip des Art. 20 I GG sichert jedem Hilfebedürftigen diejenigen materiellen Voraussetzungen zu, die für seine physische Existenz, für die Sicherung der Möglichkeit zur Pflege zwischenmenschlicher Beziehungen und für ein Mindestmaß an Teilhabe am gesellschaftlichen, kulturellen und politischen Leben unerlässlich sind.

Das BVerfG[1] hat festgestellt, dass dieses Grundrecht aus Art. 1 I GG als Gewährleistungsgrundrecht in seiner Verbindung mit Art. 20 I GG neben dem absolut wirkenden Anspruch aus Art. 1 I GG eigenständige Bedeutung hat. Es ist dem Grunde nach unverfügbar und muss eingelöst werden. Es wundert daher nicht, dass in § 1 I 2 SGB XII – Sozialhilfe – und in § 1 I SGB II – Grundsicherung für Arbeitssuchende – diese Intention als Aufgabe der Sozialhilfe und der Grundsicherung für Arbeitssuchende zu finden ist und auch in § 1 I 2 SGB I - Allgemeiner Teil - die Sicherung eines menschenwürdigen Daseins als Aufgabe des gesamten Sozialgesetzbuches formuliert wird. Das BVerfG sieht die Konkretisierung und stetige Aktualisierung dieses Grundrechts als Aufgabe des Gesetzgebers. Er hat die zu erbringenden Leistungen am jeweiligen Entwicklungsstand des Gemeinwesens und den bestehenden Lebensbedingungen auszurichten. Der Gesetzgeber hat insoweit einen Gestaltungsspielraum.

---

[1] Entscheidung vom 9.2.2010, Az. 1 BvL 1/09

11

Beispiel 1: L erhielt im Jahre 2009 für sich und ihre Kinder Leistungen nach dem SGB II, insbesondere die Regelsätze gemäß § 20 II SGB II a.f. in Höhe von damals 359 € für sich und Sozialgeld nach §§ 28, 74 SGB II a.f. für die Kinder. Sie hielt diese Sätze für zu gering und sah sich durch die zu gering bemessenen Leistungen in ihrem Recht aus Art. 1 I GG iVm dem Sozialstaatsgebot verletzt. Zu Recht?

Anmerkung: § 20 II SGB II spricht in der Fassung vom 01.01.2011 von 364 € als Regelleistung für Alleinstehende oder alleinerziehende Leistungsberechtigte, gemäß § 20 V SGB II erfolgen jeweils zum 01.01. des Jahres Anpassungen gemäß der Regelungen im SGB XII und dem Regelbedarfs-Ermittlungsgesetz. Eine Anpassung der Regelbedarfsstufe 1 zum 01.01.2013 auf 382 € ist erfolgt. Auch die anderen Regelbedarfsstufen sind erhöht worden, siehe im Einzelnen unter Kap. 3 I.

Lösung: Art. 1 I GG iVm dem Sozialstaatsgebot begründen das Recht auf ein menschenwürdiges, soziokulturelles Existenzminimum sowie den Schutz vor Stigmatisierung und sozialer Ausgrenzung. Zur Konkretisierung dieses Anspruchs hat der Gesetzgeber alle existenznotwendigen Aufwendungen in einem transparenten und sachgerechten Verfahren, nach dem tatsächlichen Bedarf, also realitätsgerecht, zu bemessen.

In der Wahl der Methode zur Bemessung des Bedarfs ist der Gesetzgeber grundsätzlich frei, jedoch muss er für die Überprüfung und Weiterentwicklung Sorge tragen. Der Gesetzgeber hat zur Ermittlung des Bedarfs das sog. Statistikmodell gewählt, dieses ist grundsätzlich zulässig. Jedoch ist bei der Berechnung der Regelsätze im Jahre 2004 ohne sachliche Rechtfertigung von den Strukturprinzipien dieses Modells abgewichen worden. Insbesondere ist die Einkommens- und Verbrauchsstichprobe 1998 nicht tragfähig ausgewertet worden, so sind beispielsweise Ausgaben für den Bereich „Bildung" vollständig unberücksichtigt geblieben, ohne dass dies begründet worden wäre. Damit ist der ermittelte Regelsatz von ursprünglich 345 € nicht verfassungsgemäß ermittelt worden.

Da die weiteren Regelleistungen sich aus dieser Grundlage ableiten, sind insbesondere die Regelleistungen für Kinder ebenfalls nicht verfassungsgemäß berechnet worden. Hinzu kommt bei diesen, dass der Gesetzgeber jegliche Ermittlungen zum spezifischen Bedarf eines Kindes unterlassen hatte. Der vorgenommene Abschlag bei Kindern beruhte auf einer freihändigen Setzung ohne empirische und methodische Fundierung. Eine Verletzung des Art. 1 I GG iVm dem Sozialstaatsgebot lag vor.

Dies entschied das BVerfG am 9.2.2010 und gab dem Gesetzgeber eine Neuregelung bis spätestens zum 31.12.2010 auf. Dieser Verpflichtung ist der Gesetzgeber mit dem Gesetz zur Ermittlung von Regelbedarfen und zur Änderung des Zweiten und Zwölften Buches Sozialgesetzbuch vom

24.03.2011, BGBl. I S. 453 – nachgekommen. Doch auch hier gibt es bereits wieder fundierte verfassungsrechtliche Kritik.

Literatur

📖 Vgl. die Entscheidung des BVerfG vom 9.2.2010, Az. 1 BvL 1/09

📖 Vgl. zur Neufassung des SGB II / XII: Irene Becker, Methodische Gesichtspunkte der Bedarfsbemessung und Johannes Münder, Verfassungsrechtliche Bewertung des Gesetzes zur Ermittlung von Regelbedarfen und zur Änderung des SGB II und SGB XII, Soziale Sicherheit EXTRA 2011, 9 ff.

Das BVerfG hat auch jüngst festgestellt, dass das menschenwürdige Existenzminimum aus Art. 1 I ivm dem Sozialstaatsprinzip aus Art. 20 I GG als Menschenrecht konzipiert ist und damit sowohl deutschen als auch ausländischen Staatsangehörigen, die sich in der Bundesrepublik Deutschland aufhalten, zusteht. Falls der Gesetzgeber Besonderheiten bei bestimmten Personengruppen diesbezüglich berücksichtigen wolle, müsse dieser Bedarf signifikant abweichen und in einem inhaltlich transparenten Verfahren belegt werden. Aus diesen Grundsätzen heraus hat das BVerfG am 18.7.2012 die Höhe der Geldleistungen nach dem AsylbLG für mit dem Grundgesetz unvereinbar erklärt.

Literatur

📖 Vgl. die Entscheidung des BVerfG vom 18.7.2012, Az. 1 BvL 10/10, 2/11

3. Art. 3 GG - Gleichheitsgrundsatz

Der Gleichheitsgrundsatz hat für das Sozialrecht in unterschiedlichen Facetten Bedeutung. So bedeutet er insbesondere

- **Gleichbehandlung**

   Beispiel 2: Eine frühere rentenrechtliche Regelung sah vor, dass Witwer eine Hinterbliebenenrente nur dann bekamen, wenn die verstorbene Ehefrau den Unterhalt der Familie überwiegend bestritten hatte, bei Witwen gab es diese Einschränkung nicht. Das BVerfG sah dies als nicht mit Art. 3 II und III GG vereinbar an.

Literatur

📖 *BVerfGE 39, 169.*

- ## Chancengleichheit und Teilhabe

  Als sozialpolitische Zielsetzung, ist aus Art. 3 I GG zudem die Ermöglichung der Teilhabe an den Gemeinschaftsgütern zur Förderung der Chancengleichheit abzuleiten. Aus Art. 3 I und 3 III 2 GG ist neben dem rein abwehrrechtlichem Charakter des Grundrechts, auch ein derivatives Teilhaberecht abgeleitet, mit dem über Organisation und Verfahren eine Effektuierung der Teilhabe an der erschöpfenden Nutzung vorhandener Ressourcen sichergestellt werden soll.

Literatur

📖 Vgl. *BVerwG, Entscheidung vom 14.8.1997, Az. 6 B 34/97* zur Frage der Schaffung lernzieldifferenter Integrationsklassen in der allgemeinen Grundschule für Kinder mit Behinderungen; auch *BVerfGE 33, 303* – Numerus-Clausus-Urteil.

- ## Benachteiligungsverbot

  Insbesondere in Art. 3 III 3 GG wird das Benachteiligungsverbot für Menschen mit Behinderung festgelegt, welches Schutz- und Förderpflichten des Staates konstituiert, diese haben jedoch nur objektivrechtlichen Charakter und begründen keine subjektiven Leistungsansprüche des Einzelnen auf Bereitstellung zusätzlicher Ressourcen.

Literatur

📖 Vgl. *BVerwG, Entscheidung vom 14.8.1997, Az. 6 B 34/97.*

Als besonderer Gleichheitsgrundsatz ist hier Art. 6 I GG zu nennen, der im Bereich des Sozialrechts, bei Fragen hinsichtlich des Familienleistungsausgleichs im Sozialversicherungsrecht zum tragen kommt.

14

Literatur

📖 Vgl. zu dieser Frage im Rahmen der Pflegeversicherung: *BVerfGE 103, 242.*

Insbesondere fordert aber Art. 6 I GG auch die Beachtung des besonderen Schutzes von Ehe und Familie, was bedeutet, dass Ehe und Familie gegenüber anderen, insbesondere nicht-ehelichen Lebens- und Erziehungsgemeinschaften, nicht benachteiligt werden dürfen.

Literatur

📖 *Vgl. BVerfGE 99, 216.*

4. Weitere Freiheitsgrundrechte

Doch auch darüber hinausgehend hat das BVerfG Artikel des Grundgesetzes herangezogen, um das sozialstaatliche Prinzip der Bundesrepublik zu formulieren und auszulegen. Das BVerfG hat den sozialen Schutz insbesondere aus den Freiheitsrechten des Grundgesetzes entwickelt, die - obwohl in erster Linie Abwehrrechte gegen den Staat – vom BVerfG zur Implementierung und Fortentwicklung der Sozialstaatlichkeit herangezogen werden. Neben der Heranziehung von Art. 14 I GG zur Begründung der Eigentumsgarantie von Rentenanwartschaften, tritt als Freiheitsrecht auch Art. 2 GG leistungsbegründend in der Rechtsprechung des BVerfG auf.

Literatur

📖 Vgl. grundlegend: *BVerfG, Entscheidung vom 28.2.1980, Az. 1 BvL 17/77, 1 BvL 7/78, 1 BvL 9/78, 1 BvL 14/78, 1 BvL 15/78, E 53, 257 – Versorgungsausgleich*; aus neuerer Zeit: *BVerfG, Entscheidung vom 13.6.2006, Az. 1 BvL 9/00, 1 BvL 11/00, 1 BvL 12/00, 1 BvL 5/01, 1 BvL 10/04 – Kürzung von Fremdrenten.*

Beispiel 2: Der 18-jährige M ist in der gesetzlichen Krankenversicherung familienversichert. Er leidet an der Duchenn´schen Muskeldystrophie (DMD), einer zum Tode führende Muskelerkrankung, die nicht heilbar, aber behandelbar ist. Behandelt wird M u.a. mit hochfrequenten Schwingungen, der sog. Bioresonanztherapie, die von den gesetzlichen Krankenkassen aber nicht als neue Untersuchungs- und Behandlungsmethode nach § 135 I SGB V durch den Gemeinsamen Bundesausschuss anerkannt und damit nicht in den Leistungskatalog der gesetzlichen Krankenversicherung aufgenommen ist. Den Kostenerstattungsantrag der Eltern des M nach § 13 III SGB V, lehnt die Krankenkasse daher ab. M erhebt hiergegen – nach Durchlaufen der sozialgerichtlichen Instanzen – Verfassungsbeschwerde. Zu Recht?

Lösung: Das BVerfG sieht die zulässige Verfassungsbeschwerde als begründet an, da die Auslegung der leistungsrechtlichen Vorschriften (§§ 1, Satz 1, 2 I, 11 I 1 Nr. 4, 27 I 1 SGB V) durch das BSG den M in seinen Grundrechten aus Art. 2 I GG ivm dem Sozialstaatsprinzip (Art. 20 I, 28 I GG) sowie Art. 2 II 1 GG verletzt.

Vorrangiger Maßstab für die verfassungsrechtliche Prüfung ist Art. 2 I GG iVm dem grundgesetzlichen Sozialstaatsprinzip. Das BVerfG sieht die allgemeine Handlungsfreiheit nach Art. 2 I GG als betroffen an, wenn der Gesetzgeber Personen der Pflichtversicherung in einem System der sozialen Sicherheit unterwirft, dies gilt auch für die Pflichtmitgliedschaft mit Beitragzwang in der gesetzlichen Krankenversicherung. Es ist mit Art. 2 I GG iVm dem grundgesetzlichen Sozialstaatsprinzip danach nicht vereinbar, den Einzelnen unter den Voraussetzungen des § 5 SGB V einer Versicherungspflicht – und sei es wie vorliegend auch ein Familienversicherter - zu unterwerfen und für seine an der wirtschaftlichen Leistungsfähigkeit ausgerichteten Beiträge die notwendige Krankheitsbehandlung zuzusagen, ihn andererseits aber, wenn er an einer lebensbedrohlichen oder sogar regelmäßig tödlichen Erkrankung leidet, für die schulmedizinische Behandlungsmethoden nicht vorliegen, von der Leistung einer bestimmten Behandlungsmethode durch die Krankenkasse auszuschließen und ihn auf eine Finanzierung der Behandlung außerhalb der gesetzlichen Krankenversicherung zu verweisen. Dabei muss allerdings die vom Versicherten gewählte andere Behandlungsmethode eine auf Indizien gestützte, nicht ganz fern liegende Aussicht auf Heilung oder wenigstens eine spürbare positive Einwirkung auf den Krankheitsverlauf versprechen. Ein solcher Fall ist hier gegeben. Für die Behandlung der DMD steht gegenwärtig allein ein symptomatisches Therapiespektrum zur Verfügung, zu dem auch operative Maßnahmen gehören. Eine unmittelbare Einwirkung auf die Krankheit und ihren Verlauf mit gesicherten wissenschaftlichen Methoden ist noch nicht möglich.

Die Auslegung der leistungsrechtlichen Vorschriften des SGB V durch das BSG ist zudem auch nicht mit der Schutzpflicht des Staates aus Art. 2 II 1 GG zu vereinbaren. Übernimmt der Staat mit dem System der gesetzlichen Krankenversicherung Verantwortung für Leben und körperliche Unversehrtheit der Versicherten, so gehört die Vorsorge in Fällen einer lebensbedrohlichen oder regelmäßig tödlichen Erkrankung unter den genannten Voraussetzungen zum Kernbereich der Leistungspflicht und der von Art. 2 II GG geforderten Mindestversorgung.

Literatur

📖 *Vgl. die Entscheidung des BVerfG vom 6.12.2005, Az. 1 BvR 347/98*

Art. 12 GG hat besondere Bedeutung für die Leistungserbringer des Sozialrechts, wie beispielsweise die zur Versorgung zugelassenen, niedergelassenen Ärzte, z.B. im Bereich der Bedarfsplanung und Zulassungsbeschränkung bei Überversorgung im Rahmen des SGB V.

Literatur

📖 *BVerfG, Entscheidung vom 27.4.2001, Az. 1 BvR 1282/99.*

II. Europäische und internationale Grundlagen des Sozialrechts

Auch vor dem deutschen Sozialrecht macht die Europäisierung und Internationalisierung des Rechts nicht halt. Neben dem Europäischen Gemeinschaftsrecht – den Verträgen, den Entscheidungen des EuGH, der Charta der Grundrechte der Europäischen Union etc. – haben auch die Allgemeine Erklärung der Menschenrechte der Vereinten Nationen vom 10.12.1948 oder auch die Europäische Sozialcharta vom 18.10.1961, Einfluss auf das bundesdeutsche Recht. Die Behindertenrechtskonvention der UN vom 13.12.2006, in Deutschland in Kraft seit dem 26.3.2009 hat die Inklusion von Menschen mit Behinderungen in den Blick genommen und wird sicherlich Einfluss auf sozialrechtliche Fragestellungen, die diesen Personenkreis betreffen, haben.

Dies betrifft im Hinblick auf das Recht der Europäischen Union Themen, wie die Frage der Inanspruchnahme von Sachleistungen der Krankenversicherung im Ausland, oder auch die Frage des „Mitnehmens" von Sozialversicherungsansprüchen in Mitgliedstaaten der Europäischen Union, z.B. die Ansprüche auf Altersrente nach SGB VI oder Pflegegeld nach SGB XI.

Literatur

📖 *EuGH, Rs. C-120 (Decker), Slg, I 1998, 1831; Rs. C-158/96 (Kohll), Slg. I 1998, 1931.*
📖 *Vgl. EuGH, Rs. C-160/96 (Molenaar), EuGHE 1998, 843; siehe insgesamt die Verordnung (EWG) Nr. 1408/71 und VO (EG) Nr. 883/2004.*

📕 Vgl. zu den allgemeinen Regeln des internationalen Sozialrechts –
supranationales Recht: Bernd Schulte, Sozialrechtshandbuch, 2012,
§ 33 und zum Sozialrecht der internationalen Organisationen:
Angelika Nußberger, aaO, § 34.

📕 Übereinkommen der Vereinten Nationen über Rechte von Menschen
mit Behinderungen - Erster Staatenbericht der Bundesrepublik
Deutschland vom Bundeskabinett beschlossen am 3. August 2011
www.bmas.de/SharedDocs/Downloads/DE/staatenbericht-
2011.pdf, Abrufdatum: 5.3.2013

📕 Theresia Degener, Die UN-Behindertenrechtskonvention als
Inklusionsmotor, RdJB 2009, 200 ff.

📕 Valentin Aichele, Die UN-Behindertenrechtskonvention in der
gerichtlichen Praxis, AnwBL 2011, 727 ff.

III. Überblick über das Sozialrecht

Unter I. ist bereits angedeutet worden, wozu das Sozialrecht
dienen soll. Einfachgesetzlich ist dies in § 1 SGB I formuliert. Danach ist es Aufgabe des Sozialrechts, die Verwirklichung sozialer
Gerechtigkeit und sozialer Sicherheit und Sozialleistungen
einschließlich sozialer und erzieherischer Hilfen, zu gestalten.
Neben der Sicherung eines menschenwürdigen Daseins, soll es
dazu beitragen, gleiche Voraussetzungen für die freie Entfaltung
der Persönlichkeit zu schaffen, die Familie zu schützen und zu
fördern, den Erwerb des Lebensunterhalts durch eine frei gewählte
Tätigkeit zu ermöglichen und besondere Belastungen des Lebens,
auch durch Hilfe zur Selbsthilfe, abzuwenden oder auszugleichen,
§ 1 I 2 SGB I. Diesem nahezu allumfassenden gesetzgeberischen
und gesetzlichen Programm folgt ein weit verzweigtes und viel-
schichtiges Rechtsgebiet, was insbesondere für Studierende oft-
mals schwer zugänglich und unübersichtlich ist.

Zahlreiche Gesetzestexte, die sich zudem nicht nur in den Sozialgesetzbüchern I bis XII finden lassen, und untergesetzliche Normen wie Richtlinien und Verwaltungsvorschriften sowie der teilweise schwere Zugang zu den Normen als solchen, erschweren
insgesamt die Auseinandersetzung mit diesem Rechtsgebiet. Hilf-
reich ist es hier eine thematische Strukturierung zu versuchen.

Klassischerweise wird das Sozialrecht in drei Bereiche geteilt.
Fand man früher in der Literatur die Teilung in die Bereiche Sozialversicherung, Versorgung und Fürsorge, geht man heute von einer

18

Teilung in die Bereiche Vorsorge, Entschädigung und Hilfe und Förderung aus.

Literatur

📖 Hans Zacher, Entwicklung einer Dogmatik des Sozialrechts, Festschrift Krause, 2006, S. 3 ff.

1. Vorsorge

Zum Bereich der Vorsorge zählt man den Bereich der Sozialversicherung. D.h. die gesetzliche Krankenversicherung (SGB V), die gesetzliche Rentenversicherung (SGB VI), die gesetzliche Unfallversicherung (SGB VII), die soziale Pflegeversicherung (SGB XI) und das Recht der Arbeitsförderung (SGB III) sind hierunter zu fassen. Die Sozialversicherung soll vor den allgemeinen Lebensrisiken wie beispielsweise Krankheit, Pflegebedürftigkeit aber auch Arbeitslosigkeit schützen.

Diesen fünf Zweigen der Sozialversicherung ist gemein, dass sie als Versicherungen auch dem Versicherungsprinzip verpflichtet sind, d.h. das Risiko des Eintritts eines Versicherungsfalles wird auf die Gesamtheit der Versicherten verteilt und Leistungen aus der Sozialversicherung gibt es in der Regel nur bei vorheriger Beitragszahlung. Bei den Leistungen aus der Sozialversicherung ist eine wirtschaftliche Bedürftigkeit in der Regel nicht notwendig.

Beispiel 3: Der Rentner, der einen Lottogewinn in Millionenhöhe gemacht hat, bekommt dennoch seine Altersrente aus dem SGB VI.

Weiter ist die Sozialversicherung dem *Solidaritätsprinzip* verpflichtet. Dies wirkt sich in unterschiedlichen Aspekten aus. Die Höhe der Beiträge ist vielfach den wirtschaftlichen Möglichkeiten der Versicherten angepasst, z.B. ist die Höhe der Beiträge grundsätzlich an das Einkommen gekoppelt, die Höhe der Leistung jedoch nicht zwingend abhängig von den zuvor entrichteten Beiträgen. In der gesetzlichen Krankenversicherung gibt es für alle identische Leistungen; anders als bei Ansprüchen auf Altersrente nach SGB VI oder Arbeitslosengeld nach dem SGB III, deren Höhe abhängig von den zuvor entrichteten Beiträgen ist. Die Beitragshöhe ist zudem nicht abhängig vom jeweiligen individuellen Risiko des Versicherten.

Beispiel 4: Die an Diabetes erkrankte und damit chronisch kranke Versicherte zahlt in der gesetzlichen Krankenversicherung keine höheren Beiträge.

Die Sozialversicherung ist zudem als Selbstverwaltung organisiert, d.h. die Verwaltungsaufgaben sind rechtlich verselbständigten Organisationen wie Krankenkassen, Berufsgenossenschaften oder Rentenversicherungsträgern, wie der Deutschen Rentenversicherung übertragen. Diese bezeichnet man als mittelbare Staatsverwaltung.

2. Entschädigung

Die soziale Entschädigung bietet einen öffentlich finanzierten Nachteilsausgleich für Schäden, für die die Allgemeinheit besondere Verantwortung trägt. Es geht hierbei nicht wie in der Sozialversicherung um die Absicherung allgemeiner Lebensrisiken, sondern um den Ausgleich von Nachteilen, die durch die Übernahme besonderer Risiken entstehen. D.h. es werden Gesundheitsschäden entschädigt, die durch die Dienste für die Allgemeinheit entstanden sind, so zum Beispiel Gesundheitsschäden durch den Wehrdiensteinsatz.

Beispiel 5: Der Bundeswehrsoldat B wird im Auslandseinsatz während einer Patrouille durch ein feindliches Attentat getötet. Die Hinterbliebenen – Ehefrau und Kinder – werden nach §§ 80, 40 ff. SVG (Soldatenversorgungsgesetz) iVm dem BVG, mittels Witwen- und Halbwaisenrenten versorgt. Auch Partner in eheähnlichen Gemeinschaften können bei Kinderbetreuung Ansprüche haben, vgl. § 80 Satz 4 SVG; für Freiwillige im Freiwilligendienst nach dem BFDG (Bundesfreiwilligendienstgesetz) siehe § 2 Ia SGB VII).

Auch gesundheitliche Schäden, die durch eine öffentlich empfohlene Impfung entstehen, werden nach dem IfSG (Infektionsschutzgesetz) entschädigt, ebenso Schäden, die Opfer von Gewaltverbrechen davontragen (Entschädigung nach dem OEG – Opferentschädigungsgesetz).

Beispiel 6: Die 86-jährige Rentnerin R wird überfallen. Sie wird zu Boden gestoßen und ihr wird die Handtasche entwendet. Durch den Stoß erleidet sie einen Oberschenkelhalsbruch, der aufgrund ihres Alters nicht ausheilt und sie pflegebedürftig macht. R hat einen Leistungsanspruch nach § 1 OEG iVm dem BVG.

Zu den entschädigungsrechtlichen Vorschriften zählen auch das Häftlingshilfegesetz (HHG), das Strafrechtliche Rehabilitationsgesetz (StrRehaG) und das Verwaltungsrechtliche Rehabilitationsgesetz (VwRehaG). Auch die unechte Unfallversicherung zählt hierzu, § 2 SGB VII. Die Kosten für diese Entschädigung trägt die Allgemeinheit, d.h. diese Leistungen sind steuerfinanziert.

3. Hilfe und Förderung

In den Bereich der Hilfe und Förderung – in der Literatur zum Teil noch differenziert in allgemeine und besondere soziale Hilfen und Soziale Förderung – Familienförderung, geht es zum einen um die Sicherung des Existenzminimums durch entsprechende Leistungen, zum anderen um die Verbesserung der sozialen Chancengleichheit durch Gewährung von (steuerfinanzierten) Leistungen bei unterschiedlichen Bedarfslagen wie Ausbildung oder Kindererziehung. Vielfach ist die Leistung abhängig von der finanziellen Bedürftigkeit des Einzelnen.

Beispiel 7: A wird arbeitslos und erhält zunächst Leistungen aus dem SGB III – namentlich Arbeitslosengeld, da sie zuvor in die Arbeitslosenversicherung eingezahlt hat, §§ 136 ff. SGB III. Nach 6 Monaten läuft der Anspruch auf Arbeitslosengeld aus. Im Rahmen ihrer Antragstellung auf Leistungen nach dem SGB II – Grundsicherung für Arbeitssuchende, §§ 19 ff. SGB II - wird überprüft, ob sie über hinreichend Einkommen oder Vermögen verfügt, um ihren Lebensunterhalt selbst zu bestreiten, ob andere vorrangige Sozialleistungen in Betracht kommen oder ob es Personen gibt, die ihr zum Unterhalt verpflichtet sind. Ist mindestens eine dieser Alternativen gegeben, erhält sie keine Leistungen oder nur anteilige Leistungen nach dem SGB II.

Beispiel 8: R hat das Renteneintrittsalter nach §§ 35, 235 SGB VI erreicht. Er hat lediglich wenige Jahre in die gesetzliche Rentenversicherung eingezahlt, so dass er nur einen ganz geringen Rentenanspruch erworben hat. Auch ansonsten verfügt er nicht über großes Einkommen oder Vermögen. Er kann nun einen Antrag auf Grundsicherung im Alter und bei Erwerbsminderung nach §§ 41 ff. SGB XII stellen. Hierüber wird seine Rente dann auf das Sozialhilfeniveau aufgestockt.

Beispiel 9: Der unverheiratete S möchte gerne Soziale Arbeit studieren. Seine Eltern können ihm dies aus finanziellen Gründen jedoch nicht ermöglichen. S hat die Möglichkeit einen Antrag auf Ausbildungsförderung nach dem Bundesausbildungsförderungsgesetz (BaföG) zu stellen, in diesem Rahmen wird sein Einkommen und Vermögen und das Einkommen seiner Eltern geprüft und ggf. angerechnet.

Der Bereich der Hilfe und Förderung ist neben diesen Beispielen noch wesentlich weitreichender. Wie oben bereits angedeutet, spielen gerade Leistungen wie Kindergeld/Elterngeld und insgesamt die Leistungen nach dem Kinder- und Jugendhilfegesetz (SGB VIII) für die Familienförderung eine wesentliche Rolle. Aber auch besondere soziale Hilfen, wie die Eingliederungshilfe nach dem SGB XII für Menschen mit Behinderungen oder auch das Wohngeld nach dem Wohngeldgesetz, sind unter diese Begriffe zu fassen. All diesen Bereichen und Lebenslagen ist gemein, dass es nicht zumutbar oder möglich ist, für diese individuell oder durch die Sozialversicherung Vorsorge zu betreiben.

Diese Leistungen setzen keine vorherige Mitgliedschaft in einem Sozialleistungssystem voraus, sie sind nicht durch von Mitgliedern getragene Beitragsleistungen finanziert, sondern werden durch die Allgemeinheit getragen, sind also steuerfinanziert.

Dreiteilung der Sozialen Sicherung - Übersicht

Vorsorge	Entschädigung	Hilfe und Förderung
Hierzu zählen:	Hierzu zählen:	Hierzu zählen insbesondere:
Krankenversicherung (SGB V)	Bundesversorgungsgesetz (BVG)	Bundesgesetz über individuelle Förderung der Ausbildung (BAföG)
Rentenversicherung (SGB VI)	Soldatenversorgungsgesetz (SVG)	Wohngeldgesetz (WoGG)
Unfallversicherung (SGB VII)	Zivildienstgesetz (ZDG)	Kinder- und Jugendhilfegesetz (SGB VIII)
Arbeitslosenversicherung (SGB III)	Häftlingshilfegesetz (HHG) StrRehaG, VwRehaG	Bundeselterngeld- und Elternzeitgesetz (BEEG)
Pflegeversicherung (SGB XI)	Infektionsschutzgesetz (IfSG)	Bundeskindergeldgesetz (BKGG)
	Opferentschädigungsgesetz (OEG)	Unterhaltsvorschussgesetz (UhVG)
	„Unechte Unfallversicherung" (§ 2 SGB VII)	Rehabilitation und Teilhabe behinderter Menschen (SGB IX)
		Grundsicherung für Arbeitssuchende (SGB II)
		Sozialhilfe (SGB XII)
		Asylbewerberleistungsgesetz (AslyblG)
Charakteristik: Absicherung von Lebensrisiken; Versicherungs- und Solidarprinzip; Selbstverwaltung; Finanzierung durch Beiträge	**Charakteristik:** Nachteilsausgleich für Schäden, für die die Allgemeinheit besondere Verantwortung trägt; Opferausgleich; steuerfinanziert	**Charakteristik:** Sicherung der Existenz und Ermöglichung von Chancengleichheit und Teilhabe; Voraussetzung: häufig Bedürftigkeit; steuerfinanziert

4. Entwicklung der Sozialgesetzbücher

Ebenfalls zur Schaffung eines Überblicks mag die nachstehende Tabelle dienen. Sie zeigt die zeitliche Entwicklung der Sozialgesetzbücher. Hieran wird zum einen deutlich, dass der Gesetzgeber seit mittlerweile 30 Jahren an einer einheitlichen Kodifizierung des Sozialgesetzbuches arbeitet, zum anderen wird deutlich, dass man sich in den vergangenen 30 Jahren auch neuen gesellschaftlichen und damit auch sozialrechtlichen Herausforderungen stellen musste, wie z.b. der Einführung eines ursprünglich nicht im SGB geplanten Sozialversicherungszweiges „Pflegeversicherung". Beachtenswert ist zudem § 68 SGB I, der eine Auflistung der gesetzlichen Regelungen enthält, die als besondere Teile des Sozialgesetzbuches zu gelten haben. Hierunter fallen beispielsweise das Wohngeldgesetz (WoGG) und das Bundesausbildungsförderungsgesetz (BaföG).

SGB I	Allgemeiner Teil	In Kraft 1.1.1976
SGB II	Grundsicherung für Arbeitssuchende	In Kraft 1.1.2005
SGB III	Arbeitsförderung	In Kraft 1.1.1998
SGB IV	Gemeinsame Vorschriften für die Sozialversicherung	In Kraft 1.7.1977
SGB V	Krankenversicherung	In Kraft 1.1.1989
SGB VI	Rentenversicherung	In Kraft 1.1.1992
SGB VII	Unfallversicherung	In Kraft 1.1.1997
SGB VIII	Kinder- und Jugendhilfe	In Kraft 1.1.1991
SGB IX	Rehabilitation und Teilhabe behinderter Menschen	In Kraft 1.7.2001
SGB X	Verwaltungsverfahren, Schutz der Sozialdaten	In Kraft 1.1.1981 bzw. 1.7.1983
SGB XI	Pflegeversicherung	In Kraft 1.1.1995
SGB XII	Sozialhilfe	In Kraft 1.1.2005
	Beachten: § 68 SGB I – besondere Teile des SGB	

Kapitel 2: Das soziale Vorsorgesystem

I. Einführung und SGB IV

Das soziale Vorsorgesystem ist – wie oben ausgeführt – die Sozialversicherung mit ihren fünf Säulen: der gesetzlichen Krankenversicherung, der sozialen Pflegeversicherung, der gesetzlichen Rentenversicherung, der gesetzlichen Unfallversicherung und dem Recht der Arbeitsförderung/der Arbeitslosenversicherung.

Der Sozialversicherung sind sog. gemeinsame Vorschriften im SGB IV vorangestellt, die für die gesamte Sozialversicherung gelten sollen. In Hinblick auf das SGB III ist hier jedoch eine Einschränkung zu machen, denn in § 1 I 2 SGB IV gelten nicht sämtliche Teile des SGB IV für die Arbeitsförderung nach SGB III.

Das SGB IV enthält Grundsätze und Begriffsbestimmungen, die für die gesamte Sozialversicherung von besonderer Bedeutung sind. So wird in §§ 7 ff. SGB IV der Begriff *Beschäftigung* definiert und auch zur selbstständigen Tätigkeit abgegrenzt. Da die Sozialversicherung immer wieder – gerade in Hinblick auf den versicherungspflichtigen Personenkreis – auf diesen Begriff zurückgreifen muss, ist er allgemein in § 7 SGB IV bestimmt. Ähnliches gilt für die geringfügige Beschäftigung nach §§ 8 f. SGB IV („450-Euro-Jobs"), deren Voraussetzungen hier für die Sozialversicherung bestimmt werden. Ebenfalls wichtig für die gesamte Sozialversicherung ist die Bestimmung, was zum Einkommen zählt, da hieraus die Beiträge zu berechnen sind. § 19 SGB IV bestimmt, dass die Leistungen der Sozialversicherung grundsätzlich auf Antrag erbracht werden, die der gesetzlichen Unfallversicherung von Amts wegen, wenn nicht die einzelnen Gesetze etwas anderes bestimmen.

Im SGB IV ebenfalls geregelt sind die Träger der Sozialversicherung und ihre Rechtsstellung und Aufgaben, §§ 29 SGB IV. Die Träger der Kranken-, Pflege-, Unfall- und Rentenversicherung sind rechtsfähige Körperschaften des öffentlichen Rechts mit Selbstverwaltung, § 29 I SGB IV. Sie sind damit Teil der mittelbaren Staatsverwaltung und unterliegen insoweit der staatlichen Aufsicht nach §§ 87 ff. SGB IV.

Literatur

📖 Corinna Grühn, Karl-Heinz Mühlhausen, Die Rechte der sozialen Selbstverwaltung – wann darf die Staatsaufsicht eingreifen?, SozSich 2007, 373 ff.

II. Das SGB V – die gesetzliche Krankenversicherung

Das SGB V trifft die Regelungen zur gesetzlichen Krankenversicherung. Die gesetzliche Krankenversicherung – zuvor in der Reichsversicherungsordnung geregelt (einige Teile der GKV sind nach wie vor dort zu finden), ist mit dem Gesundheitsreformgesetz vom 20.12.1988, in Kraft zum 1.1.1989,[2] in das Sozialgesetzbuch überführt worden. Das Recht der gesetzlichen Krankenversicherung sieht sich immer wieder Reformen ausgesetzt und ist einem stetigen Wandelungsprozess unterworfen. Ein Ende ist diesbezüglich nicht abzusehen.

Literatur

📖 Beispielhaft für aktuelle Reformen im Bereich der GKV: Gesetz zur Verbesserung der Versorgungsstrukturen in der gesetzlichen Krankenversicherung (GKV-VStG) vom 22.12.2011, mit Wirkung zum 1.1.2012, BGBl. I, S. 2983 ff.; Das Pflege-Neuausrichtungs-Gesetz (PNG) vom 23.10.2012, BGBl. I, S. 2246 hat auch für die GKV Neuerungen gebracht, insbesondere sind die Leistungen bei Schwangerschaft und Mutterschaft von der RVO in die §§ 24c ff. SGB V überführt worden.

Die Aufgaben der Sozialversicherung sind bereits in § 4 SGB I definiert. Zum einen hat jeder ein Recht auf Zugang zur Sozialversicherung, § 4 I SGB I. Weiter hat, wer in der Sozialversicherung versichert ist, ein Recht auf die notwendigen Maßnahmen zum Schutz, zur Erhaltung, zur Besserung und zur Wiederherstellung der Gesundheit und der Leistungsfähigkeit und auf angemessene wirtschaftliche Versorgung, § 4 II SGB I. Die Aufgabe der gesetzlichen Krankenversicherung ist in § 1 SGB V nochmals differenzierter erläutert.

Danach hat die Krankenversicherung als Solidargemeinschaft die Aufgabe, die Gesundheit der Versicherten zu erhalten, wieder-

---

[2] BGBl. I, S. 2477.

herzustellen oder ihren Gesundheitszustand zu verbessern. Die Versicherten sind hieran eigenverantwortlich zu beteiligen.

1. Versicherungspflichtiger Personenkreis

Historisch gesehen knüpfte die Sozialversicherungspflicht im Wesentlichen an Beschäftigung und Arbeiter- bzw. Arbeitnehmereigenschaft an. Die Krankenversicherung hat sich jedoch inzwischen zu einer Versicherung für nahezu alle Bevölkerungsgruppen entwickelt. Die gesetzliche Krankenversicherung kennt daher:

- die Versicherung kraft Gesetzes (§ 5 SGB V – Versicherungspflicht), hierunter fallen insbesondere, die gegen Arbeitsentgelt Beschäftigten, Personen die Arbeitslosengeld I nach SGB III oder II nach SGB II erhalten, Studierende an staatlichen oder staatlich anerkannten Hochschulen, etc., aber auch § 5 I Nr. 13 SGB V,
- die freiwillige Versicherung (§ 9 SGB V), wonach man die Möglichkeit hat sich in der GKV zu versichern, wenn man nicht versicherungspflichtig ist,
- und die Familienversicherung (§ 10 SGB V), wonach Ehegatte, Lebenspartner nach dem Lebenspartnerschaftsgesetz und Kinder des Mitgliedes in der GKV beitragsfrei „mitversichert" sind.

Weiter schließt das SGB V eine Reihe von Personengruppen von der Versicherungspflicht aus; sie sind nach §§ 6 ff. SGB V versicherungsfrei. Dies trifft beispielsweise Personen, die eine bestimmte Jahresarbeitsentgeltgrenze überschreiten (§ 6 I Nr. 1 SGB V), Beamte und Richter (§ 6 I Nr. 2 SGB V) und auch Personen, die eine geringfügige Beschäftigung nach § 8 SGB IV ausüben (§ 7 SGB V).

2. Aufgaben und Leistungen

Die GKV hat zur Aufgabe, die Gesundheit der Versicherten zu erhalten, wiederherzustellen oder ihren Gesundheitszustand zu bessern, § 1 Satz 2 SGB V. Das heißt, dass die GKV neben den kurativen Aufgaben auch präventive übernimmt. Entsprechend finden sich hierzu Regelungen in SGB V. Eine Übersicht über die Leistungsarten der GKV findet sich in § 11 SGB V. Es gibt

Leistungen bei Schwangerschaft und Mutterschaft, Leistungen zur Prävention und Früherkennung von Krankheiten, Leistungen bei Krankheit und bei medizinischer Rehabilitation. Vgl. auch § 21 SGB I.

Die Leistungen zur Früherkennung und Prävention sind in den §§ 20-24, 25-26 SGB V geregelt. Hierzu gehören u.a. Leistungen zur primären Prävention, wie Rückenschule, Ernährungskurse etc. (§ 20 SGB V), die betriebliche Gesundheitsförderung (§§ 20a-20b SGB V), die Förderung der Selbsthilfe (§ 20c SGB V), Schutzimpfungen (§ 20d SGB V), die Verhütung von Zahnerkrankungen (§§ 21, 22 SGB V), aber auch Gesundheitsuntersuchungen nach den §§ 25, 26 SGB V.

Die Leistungen bei Krankheit umfassen zum einen die Krankenbehandlung nach den §§ 27 ff. SGB V und das Krankengeld nach §§ 44 ff. SGB V. Eine Übersicht zu den Leistungen zur Krankenbehandlung findet sich in § 27 SGB V. Danach fallen unter die Krankenbehandlung:

- die ärztliche (und auch psychotherapeutische) und zahnärztliche Behandlung, § 28 SGB V,
- die Versorgung mit Zahnersatz,
- die Versorgung mit Arznei-, Verband-, Heil- und Hilfsmitteln, §§ 31-36 SGB V,
- die häusliche Krankenpflege, Soziotherapie, spezialisierte ambulante Palliativversorgung und Haushaltshilfe, §§ 37-38 SGB V,
- die Krankenhausbehandlung, § 39 SGB V,
- stationäre und ambulante Hospizleistungen, § 39a SGB V,
- die Leistungen zur medizinischen Rehabilitation und ergänzende Leistungen, §§ 40, 41 SGB V,
- nichtärztliche sozialpädiatrische Leistungen, § 43a SGB V.

Versicherte haben Anspruch auf Krankenbehandlung, wenn sie notwendig ist, um eine Krankheit zu erkennen, zu heilen, ihre Verschlimmerung zu verhüten oder Krankheitsbeschwerden zu lindern. Eine Definition des Krankheitsbegriffs lässt das SGB V

28

leider vermissen. Das BSG[3] hat den Begriff Krankheit in der GKV wie folgt definiert: danach ist Krankheit ein regelwidriger Körper- oder Geisteszustand, der ärztlicher Behandlung bedarf und/oder den Betroffenen arbeitsunfähig macht. Hinzukommen muss zu dieser Regelwidrigkeit eine Beeinträchtigung der Körperfunktionen oder eine entstellende Wirkung der anatomischen Abweichung.

Beispiel 1: Die 25-jährige T hat keine sehr weibliche Figur, sie möchte daher eine Brustvergrößerung vornehmen lassen. Sie überlegt, ob dies von der gesetzlichen Krankenversicherung bezahlt werden würde.

Lösung: Ein Anspruch auf Krankenbehandlung nach §§ 27 ff. SGB V – hier käme beispielsweise § 39 SGB V – Krankenhausbehandlung in Betracht - stünde der T zu, wenn sie krankenversichert wäre nach §§ 5 ff. SGB V – dies kann hier unterstellt werden - und eine Krankheit iSd des SGB V vorläge. Fraglich ist hier schon der regelwidrige Zustand. Ein kleiner Busen entspricht durchaus auch dem Leitbild der gesunden Frau. Auch ihre psychophysischen Funktionen werden dadurch nicht beein- trächtigt; ein kleiner Busen steht beispielsweise Schwangerschaft und Mutterschaft nicht entgegen. Ein Anspruch auf Krankenbehandlung be- steht daher nicht. Falls T psychisch stark unter diesem Umstand leidet, kommt eine psychotherapeutische Behandlung in Betracht.

Literatur

📖 Vgl. *Entscheidung des BSG vom 19.10.2004, Az. B 1 KR 3/03 R*
📖 Transsexualität als Krankheit im Sinne des SGB V: *Entscheidung des BSG vom 6.8.1987, E 62, 83*; 11.9.2012, Az. B 1 KR 11/12.
📖 Unfruchtbarkeit als Krankheit im Sinne des SGB V vgl. §§ 27a SGB V und zur Verfassungsmäßigkeit der Altersgrenze: *Entscheidung des BSG vom 24.5.2007, Az. B 1 KR 10/06 R.*

Die einzelnen Leistungen der GKV unterliegen dem Wirtschaftlich- keitsgebot des § 12 SGB V, d.h. sie müssen ausreichend, zweck- mäßig und wirtschaftlich sein und dürfen das Maß des notwen- digen nicht überschreiten. Der Katalog der Leistungen im Einzel- nen ist nicht statisch, sondern wird – entsprechend dem medizi- nischen Fortschritt und der medizinischen Entwicklung – ange- passt. Wesentlichen Anteil hieran haben der Gemeinsame Bundesausschuss nach § 91 SGB V, der im Rahmen von Richt- linien Untersuchungs- und Behandlungsmethoden in die vertrags- ärztliche Versorgung mit einbezieht und immer wieder auch das

---

[3] Vgl. z.B. Entscheidung des BSG vom 19.10.2004, B 1 KR 28/02 R.

BSG, das durch seine Rechtsprechung korrigierend in die Bewilligungs- und Ablehnungspraxis der Krankenkassen eingreift.

Literatur

📖 Zur Nicht-Bewilligung der Anwendung eines nur zur Behandlung von Kindern und Jugendlichen zugelassenen Arzneimittels bei einem Erwachsenen mit ADHS: *Entscheidung des BSG vom 30.6.2009, Az. B 1 KR 5/09 R*

📖 Zur Frage der Berücksichtigung der Gesprächspsychotherapie als Behandlungsverfahren der vertragsärztlichen Versorgung: *Entscheidung des BSG vom 28.10.2009, Az. B 6 KA 11/09 R.*

Nach den §§ 40 ff. SGB V werden auch Leistungen zur medizinischen Rehabilitation gewährt. Danach sollen, wenn ambulante Leistungen nicht ausreichen, stationäre Leistungen gewährt werden. Die medizinische Rehabilitation für Mütter und Väter ist in § 41 SGB V separat geregelt.

Bei Arbeitsunfähigkeit und bei stationärer Unterbringung in einem Krankenhaus, einer Vorsorge- oder Rehabilitationseinrichtung haben Versicherte einen Anspruch auf Krankengeld, §§ 44 ff. SGB V. Hierbei handelt es sich um eine finanzielle Ausgleichsleistung, die nach der Entgeltfortzahlung durch den Arbeitgeber (in der Regel 6 Wochen) einsetzt. Das Krankengeld beträgt 70 % des erzielten regelmäßigen Arbeitsentgelts, § 47 SGB V.

Die GKV hat sich in den letzten 20 Jahren von einer Vollversicherung zu einer Versicherung mit Zuzahlungen und Leistungsausschlüssen entwickelt. Die Leistungsausschlüsse finden sich beispielsweise im Arzneimittelbereich, vgl. § 34 SGB V, Zuzahlungen in vielen Leistungsbereichen, so z.B. bei Krankenhausaufenthalten, vgl. § 39 IV SGB V. Die sog. „Praxisgebühr" nach § 28 IV aF ist zum 1.1.2013 ersatzlos gestrichen worden. Die Höhe der Zuzahlungen ist in § 61 SGB V geregelt. § 62 SGB V schafft eine Regelung zur Belastungsgrenze und legt fest, ab wann Zuzahlungen nicht mehr geleistet werden müssen. Nach Absatz 1 müssen danach Zuzahlungen nicht mehr geleistet werden, wenn innerhalb eines Kalenderjahres 2% der Bruttoeinnahmen zum Lebensunterhalt bereits für die Zuzahlungen geleistet wurden; bei chronisch Kranken ist die Belastungsgrenze bereits bei 1% erreicht. Dies bedeutet jedoch, dass zunächst die Zuzahlungen geleistet werden müssen und es keine komplette Befreiung von der Zuzahlung mehr gibt.

Bei chronisch Kranken, die sich nicht den Gesundheitsuntersuchungen unterzogen haben, bleibt die Belastungsgrenze bei 2%, vgl.
§ 62 I 3 f. SGB V.

3. Das Leistungserbringerrecht

Das Leistungserbringerrecht stellt eine Besonderheit im SGB V
dar und ist in den §§ 69 ff. SGB V geregelt. Die Krankenbehandlung ist grundsätzlich als Sachleistung zu erbringen, vgl.
§ 2 II SGB V, Ausnahmen in § 13 SGB V. Die Krankenkassen
bedienen sich, da sie sich nicht auf eigene Einrichtungen stützen
können und (nur begrenzt) dürfen (vgl. § 140 SGB V) für die
Erbringung der Leistung sog. Leistungserbringer. Dies sind im
System der GKV insbesondere Ärzte, Krankenhäuser und
Leistungserbringer von Heil- und Hilfsmitteln. Diese werden jedoch
hierfür nicht unmittelbar von den Versicherten bezahlt, sondern
über Verträge, die die Krankenkassen/Krankenkassenverbände
mit den Leistungserbringern/Leistungserbringerverbänden
abschließen. Im Bereich der niedergelassenen Vertragsärzte sind
dies z.B. die Kassenärztlichen Vereinigungen der Länder bzw. die
Kassenärztliche Bundesvereinigung (vgl. §§ 82 ff. SGB V). Die
Abrechnung erfolgt dann zwischen Krankenkassen und Leistungserbringern bzw. Krankenkassen, Leistungserbringerverbänden und
Leistungserbringern. Somit entsteht ein klassisches Dreiecks-
verhältnis zwischen Krankenkasse, Leistungserbringer und
Leistungsberechtigtem.

Leistungsbeschreibungen, Entgelte/Vergütungen und Qualitäts-
und Wirtschaftlichkeitsanforderungen werden zwischen den
Krankenkassen/Krankenkassenverbänden und den Leistungs-
erbringern/Leistungserbringerverbänden in Verträgen geregelt, vgl.
§§ 82 ff. SGB V. Das gesamte Leistungserbringerrecht ist
öffentliches Recht.

Als besonderes und komplexes Spezialgebiet sei hier das Vertragsarztrecht genannt, d.h. das Verhältnis zwischen Vertrags-
ärzten und ihren Verbänden, den Krankenkassen und den
Leistungsberechtigten. Durch die Regelungen im 4. Kapitel des
SGB V werden die Beziehungen zwischen diesen drei Beteiligten
geordnet. So ist beispielsweise in diesem Konstrukt gemäß den
§§ 72, 75 SGB V die Sicherstellung der vertragsärztlichen und
vertragszahnärztlichen Versorgung den Kassenärztlichen Ver-

einigungen und der Kassenärztlichen Bundesvereinigung übertragen. D.h. diese müssen für eine ausreichende Versorgung der
Leistungsberechtigten sorgen. Im Gegenzug müssen die Krankenkassen mit diesen Verbänden in sog. Gesamtverträgen (§ 83 SGB
V) eine angemessene Vergütung regeln.

Als weiteres insbesondere für die Leistungsberechtigten rele-
vantes Merkmal sei die freie Arztwahl gemäß § 76 SGB V
genannt. Diese „freie" Arztwahl beschränkt sich jedoch auf die
zugelassenen Vertragsärzte (vgl. § 95 SGB V – wonach nur zu-
gelassene Ärzte an der vertragsärztlichen Versorgung teilnehmen
dürfen). Die vertragsärztliche Versorgung (veraltet auch noch als
kassenärztliche Versorgung bezeichnet) teilt sich zudem in haus-
und fachärztliche Versorgung (§ 73 SGB V). Die Überprüfung der
wirtschaftlichen Leistungserbringung durch die Vertragsärzte
erfolgt gem. § 106 SGB V. Ob und wie Leistungen der GKV zu
erbringen sind, beschließt gerade im Hinblick auf die Einführung
neuer Untersuchungs- und Behandlungsmethoden der Gemeinsame Bundesausschuss, §§ 91 ff. SGB V.

Literatur

📖 Vgl. insgesamt zu diesem Abschnitt: Cornelius Pawlitta, Beziehungen
zwischen Leistungserbringern und Krankenkassen insbesondere
vertragsärztliche Versorgung, Jahrbuch des Sozialrechts 33 (2012), 153
ff.

4. Organisation und Finanzierung

Die Träger der gesetzlichen Krankenversicherung sind die 134
Krankenkassen (Stand: 1.1.2013). Die Krankenkassen sind
Körperschaften des öffentlichen Rechts, § 29 SGB IV, § 4 SGB V.
Sie gliedern sich in Allgemeine Ortskrankenkassen, Betriebs- und
Innungskrankenkassen und die Landwirtschaftlichen Kranken-
kassen, die Deutsche Rentenversicherung Knappschaft-Bahn-See
als Träger der knappschaftlichen Krankenversicherung und die
Ersatzkassen, § 4 II SGB V. Zudem gibt es Landesverbände der
Krankenkassen, § 207 SGB V und auch Bundesverbände bzw.
Spitzenverbände, § 212 SGB V. Seit dem 1.7.2008 hat der
Spitzenverband Bund der Krankenkassen wesentliche Aufgaben
der Spitzenverbände der Krankenkassen übernommen, § 217a
SGB V.

Die gesetzliche Krankenversicherung wird über Beiträge finanziert. Die vormals grundsätzlich hälftige Tragung der Beiträge durch die versicherungspflichtigen Beschäftigten und ihre Arbeitgeber ist aufgehoben. Nicht nur die Zuzahlungen sind vom Versicherten allein zu leisten, sondern inzwischen auch ein Teil der Beiträge, vgl. hierzu §§ 249 ff. SGB V. Jedoch ist der Arbeitgeber Schuldner für den vollen Beitrag, wenn es um die Abführung der Beiträge an die Träger der Krankenversicherung geht, § 28e SGB IV. Dies gilt auch für die Beiträge der Rentenversicherung und Arbeitslosenversicherung, für deren Einzug auch die Träger der GKV zuständig sind (Gesamtsozialversicherungsbeitrag, § 28d SGB IV).

Die Finanzierung der gesetzlichen Krankenversicherung (GKV) wurde mit der Einführung des Gesundheitsfonds neu geregelt, §§ 271 ff. SGB V. Dieser ist durch das GKV-WSG eingeführt worden und führt zu einem einheitlichen Beitragssatz für alle Beitragszahler. Jede Krankenkasse erhält pro Versichertem eine pauschale Zuweisung sowie ergänzende Zu- und Abschläge je nach Alter, Geschlecht und Krankheit ihrer Versicherten. Je nach dem kann dies dazu führen, dass eine Krankenkasse ihren Versicherten finanzielle Vergünstigungen oder eine Prämienauszahlung gewähren kann, oder Zusatzbeiträge erheben muss (vgl. § 242 SGB V). Zu Diskussionen und Begehrlichkeiten führte der Finanzüberschuss der Krankenkassen im vergangenen Jahr.

Literatur

📖 Vgl. hierzu: Dieter Leopold, Eine Reserve von 23,5 Milliarden Euro, WZS (Wege zur Sozialversicherung) 2013, 13 f.

III. Das SGB XI – die soziale Pflegeversicherung

Die Regelungen zur sozialen Pflegeversicherung finden sich im SGB XI, welches zum 1.1.1995[4] in das Sozialgesetzbuch eingeführt worden ist. Die soziale Pflegeversicherung ist im SGB XI das erste Mal komplett geregelt und damit der jüngste Zweig der Sozialversicherung. Teilregelungen fanden sich vorher im SGB V und in der Sozialhilfe. Das SGB XI ist als eine Art „Teilkaskoversicherung" ausgestattet, das bedeutet, dass sie nicht den

---

[4] Pflege-Versicherungsgesetz vom 26.5.1994, BGBl. I, S. 1014, in wesentlichen Teilen in Kraft zum 1.1.1995, die Leistungen zur stationären Versorgung sind erst zum 1.1.1996 eingeführt worden, vgl. § 1 V SGB XI.

kompletten Versicherungsfall Pflegebedürftigkeit abdeckt, sondern nur ergänzend zur familiären oder auch nachbarschaftlichen Pflege hinzukommt. Entsprechend sind die Leistungen, gerade auch in der Höhe, konzipiert.

Auch für die Aufgaben der sozialen Pflegeversicherung gilt § 4 SGB IV. Nach § 1 IV SGB XI hat sie die Aufgabe, Pflegebedürftigen Hilfe zu leisten, die wegen der Schwere der Pflegebedürftigkeit auf solidarische Unterstützung angewiesen sind. Nicht nur geschlechtsspezifische Unterschiede sollen bei der Pflege Berücksichtigung finden, sondern auch den Bedürfnissen nach einer kultursensiblen Pflege, soll nach Möglichkeit Rechnung getragen werden, § 1 IVa SGB XI. Durch die Pflegeversicherung soll Pflegebedürftigen ein selbständiges und selbstbestimmtes Leben ermöglicht werden, § 2 SGB XI und dies möglichst in ihrer häuslichen Umgebung, § 3 SGB XI. Die Versicherten sind jedoch auch dazu verpflichtet Pflegebedürftigkeit durch gesundheitsbewusste Lebensführung, durch frühzeitige Beteiligung an Vorsorgemaßnahmen und durch aktive Mitwirkung an Krankenbehandlung und Leistungen zur medizinischen Rehabilitation zu vermeiden, § 6 SGB XI.

Das Pflegezeitgesetz[5] schafft seit dem 1.7.2008 die Möglichkeit für Beschäftigte, pflegebedürftige nahe Angehörige in ihrer häuslichen Umgebung zu versorgen und eine entsprechende Pflegezeit (d.h. Freistellung von der Arbeitsleistung) in Anspruch zu nehmen.

Auch das Pflege-Neuausrichtungs-Gesetz vom 23.10.2012[6] hat jüngst eine Reihe von Änderungen im SGB XI gebracht. Einige Stichpunkte sollen hierzu kurz benannt sein:

- Verbesserung der Versorgung von Personen mit erheblich eingeschränkter Alltagskompetenz, also insbesondere demenziell erkrankter Menschen und Einführung der Pflegestufe „0" im SGB XI, §§ 123, 124 SGB XI

- Verbesserung der Situation der pflegenden Angehörigen, z.B. in der Neufassung der §§ 37 II, 38 SGB XI

---

[5] Pflegezeitgesetz vom 28.5.2008, in Kraft zum 1.7.2008, BGBl. I, S. 874.
[6] Gesetz zur Neuausrichtung der Pflegeversicherung (PNG), BGBl. I, S. 2246 ff.

- Förderung der ambulanten Wohnformen, z.B. §§ 45e, f SGB XI

- Einführung von verbindlichen Servicegrundsätzen, kurzfristigen Beratungsterminen, Verpflichtung zu zeitnaher Entscheidung der Anträge incl. der vorläufigen Erbringung der Versorgungsleistung bei Fristüberschreitung in Höhe von 70 €, vgl. §§ 7 II, 7b, 18, 18b SGB XI

- Förderung der privaten Pflege-Vorsorge mit einer staatlichen Zulage von 60 € jährlich, §§ 126 ff. SGB XI

1. Versicherungspflichtiger Personenkreis

Die Versicherungspflicht in der Pflegeversicherung orientiert sich an dem Grundsatz „Pflegeversicherung folgt Krankenversicherung", d.h. wer in der Krankenversicherung versichert ist, ist dies auch in der Pflegeversicherung (siehe Ausführungen zur GKV, oben). Pflegeversichert sind danach, die in der gesetzlichen Krankenversicherung versicherten Mitgliedern inklusive der freiwillig Versicherten, § 20 SGB XI, es gibt die Versicherungspflicht für sonstige Personen, § 21 SGB XI, und die Versicherung für Personen, die in der privaten Krankenversicherung versichert sind, § 23 SGB XI. Ebenso wie das SGB V kennt das SGB XI einen Kreis von Personen, die von der Versicherungspflicht befreit sind, § 22 SGB XI und auch die Familienversicherung, § 25 SGB XI.

2. Versicherungsfall Pflegebedürftigkeit

Der durch das SGB XI abzudeckende Versicherungsfall ist die Pflegebedürftigkeit. Der Gesetzgeber hat in den §§ 14 f. SGB XI Regelungen zum Vorliegen dieses Versicherungsfalles getroffen. Danach liegt Pflegebedürftigkeit vor, wenn wegen einer körperlichen, geistigen oder seelischen Krankheit oder Behinderung für die gewöhnlichen und regelmäßig wiederkehrenden Verrichtungen des täglichen Lebens auf Dauer, voraussichtlich für mindestens sechs Monate in erheblichem oder höherem Maße Hilfebedarf vorhanden ist, § 14 I SGB XI. Die einzelnen Tatbestandsmerkmale werden im SGB XI im Weiteren näher erläutert.

Pflegebedürftigkeit nach § 14 I SGB XI:

- Vorliegen einer Krankheit oder Behinderung ⇨ § 14 II SGB XI
- (Kausalität zwischen Krankheit / Behinderung und Hilfebedarf)
- Hilfe bei den gewöhnlichen und regelmäßigen wieder-kehrenden Verrichtungen im Ablauf des täglichen Lebens ⇨ § 14 IV SGB XI
- auf Dauer, Prognose: mind. 6 Monate ⇨ § 14 I 1 SGB XI
- Bedürfnis der Hilfe in erheblichem oder höherem Maße ⇨ § 15 SGB XI

Die Leistungen der sozialen Pflegeversicherung werden nur ge-währt, wenn das Maß der erheblichen Pflegebedürftigkeit erreicht ist. Liegt lediglich eine Pflegebedürftigkeit darunter vor, kommen Leistungen nach dem SGB XI in der Regel nicht in Betracht (siehe hierzu die Ausführungen zum SGB XII – Hilfe zur Pflege und Pflegestufe „0"). Durch das Pflege-Neuausrichtungs-Gesetz (siehe oben) hat der Gesetzgeber im Vorgriff auf einen neu zu entwickelnden Pflegebedürftigkeitsbegriff in den §§ 123 und 124 SGB XI Regelungen geschaffen, die sowohl die Einführung der Pflegestufe „0" für Personen mit eingeschränkter Alltags-kompetenz vorsieht, als auch Leistungen der häuslichen Betreuung für diesen Personenkreis als auch für Pflegebedürftige, die in eine Pflegestufe eingestuft sind, gewährt. Letztere beziehen sich insbesondere auf Aktivitäten im häuslichen Umfeld, die der Aufrechterhaltung sozialer Kontakte dienen (vgl. § 124 II Nr. 1 SGB XI).

Die Pflegebedürftigkeit ist in Stufen unterteilt. So kennt das SGB XI in der Regel (siehe oben) drei Pflegestufen: die erhebliche Pflegebedürftigkeit, die Schwerpflegebedürftigkeit und die Schwerstpflegebedürftigkeit, § 15 I SGB XI.

Für pflegebedürftige Kinder gibt es in § 15 II SGB XI die beson-dere Regelung, nach der der zusätzliche Hilfebedarf gegenüber einem gesunden gleichaltrigen Kind maßgebend ist.

Zu diesen Pflegestufen gibt es in § 15 III SGB XI eine Zuordnung des Zeitaufwandes. Danach muss beispielsweise für das Vor-liegen der Pflegestufe I ein Hilfebedarf von insgesamt 90 Minuten täglich vorliegen, hiervon müssen mehr als 45 Minuten auf die

Grundpflege entfallen, bei Pflegestufe II muss mindestens ein dreistündiger Pflegebedarf vorliegen.

Beispiel 2: Die 79-jährige U ist seit Jahren an Diabetes erkrankt. Leider musste ihr nunmehr der Fuß amputiert werden. Insgesamt ist ihr Gesundheitszustand sehr schlecht. Nach dem Krankenhausaufenthalt möchte sie gerne in ihren eigenen Haushalt zurück, den sie bislang allein führte. Sie braucht nunmehr Unterstützung durch eine Pflegekraft.

Der Medizinische Dienst der Krankenversicherung, zuständig für die Prüfung der Pflegebedürftigkeit, § 18 I SGB XI, hat in seinem Gutachten folgenden Bedarf festgestellt: Morgens und abends jeweils 50 Minuten Hilfebedarf bei der Körperpflege (Waschen, Duschen, Zahnpflege, Kämmen), 30 Minuten Hilfebedarf bei der Mobilität (Aufstehen und Zubettgehen, An- und Ausziehen), täglich 60 Minuten Hilfebedarf bei der hauswirtschaftlichen Versorgung (Einkaufen, Kochen, Reinigen der Wohnung). U zählt nicht zum Personenkreis mit erheblich eingeschränkter Alltagskompetenz nach § 45a SGB XI. Hat U Anspruch auf Leistungen nach dem SGB XI?

Lösung: U könnte Ansprüche gegen die Pflegekasse auf Leistungen bei häuslicher Pflege nach §§ 36, 37 oder 38 SGB XI haben. Hierfür müssten die Anspruchsvoraussetzungen vorliegen:

I. Vorliegen der Leistungsvoraussetzungen

1. Versicherung in der Sozialen Pflegeversicherung nach §§ 20 ff. SGB XI
Dies kann hier unterstellt werden, vgl. § 20 I Nr. 11 SGB XI

2. Erfüllen der Vorversicherungszeit nach § 33 II Nr. 6 SGB XI
Das Erfüllen der Vorversicherungszeit von 2 Jahren kann hier ebenfalls unterstellt werden.

3. Antragstellung nach § 33 I SGB XI
Diesen hat sie offensichtlich gestellt, sonst wäre eine Begutachtung durch den MDK nicht erfolgt.

4. Pflegebedürftigkeit nach §§ 14, 15 SGB XI
U müsste pflegebedürftig im Sinne der §§ 14, 15 SGB XI sein. Es müsste zunächst eine Krankheit oder Behinderung vorliegen. U leidet an Diabetes und ist nunmehr durch die erfolgte Amputation stark eingeschränkt. Insgesamt ist ihr Gesundheitszustand schlecht. Eine Krankheit/Behinderung liegt damit vor. Gemäß dem Gutachten des MDK braucht sie auch Hilfe bei den gewöhnlichen und regelmäßig wiederkehrenden Verrichtungen im Ablauf des täglichen Lebens und zwar in den Bereichen Körperpflege (§ 14 IV Nr. 1), Mobilität (§ 14 IV Nr. 3) und

hauswirtschaftliche Versorgung (§ 14 IV Nr. 4). Da U bereits 79 Jahre alt und chronisch erkrankt ist, wird diese Hilfe auch voraussichtlich länger als 6 Monate benötigt. Zur Feststellung der Pflegestufe muss der Bedarf im Einzelnen errechnet werden. Nach dem Gutachten des MDK hat sie im Bereich der Körperpflege und Mobilität einen Bedarf von zusammen 130 Minuten täglich. Hinzu kommt der Bedarf in der hauswirtschaftlichen Versorgung von täglich 60 Minuten. Damit ist ein Zeitaufwand von täglich 190 Minuten erreicht, der grundpflegerische Bedarf liegt mit 130 Minuten auch über dem notwendigen Bedarf von 2 Stunden, so dass U der Pflegestufe II – schwerpflegebedürftig – zuzuordnen ist. Pflegebedürftigkeit ist danach gegeben.

II. Ergebnis: U hat Ansprüche auf Leistungen bei häuslicher Pflege nach §§ 36, 37 oder 38 SGB XI gegen ihre Pflegekasse.

Literatur

📖 Siehe zum neuen Pflegebedürftigkeitsbegriff: Bericht des Beirats zur Überprüfung des Pflegebedürftigkeitsbegriffs, 2009 http://www.gkv-spitzenverband.de/media/dokumente/pflegeversicherung/pflegebeduerftig keitbegriff/Bericht_Gesamt_26012009.pdf, Abrufdatum 6.3.2013
📖 Siehe zur Begutachtung durch den MDK: Richtlinien des GKV-Spitzenverbandes zur Begutachtung von Pflegebedürftigkeit nach dem XI. Buch des Sozialgesetzbuches,, http://www.mds-ev.org/media/pdf/BRi_Pflege_090608.pdf, Abrufdatum: 6.3.2013
📖 Siehe zur Prognose der Dauerhaftigkeit der Pflegebedürftigkeit: *Entscheidung des BSG vom 17.3.2005, Az. B 3 P 2/04 R*

3. Aufgaben und Leistungen

Wie oben dargelegt, hat das SGB XI die Aufgabe, Pflegebedürftigen Hilfe zu leisten, die wegen der Schwere der Pflegebedürftigkeit auf solidarische Unterstützung angewiesen sind, § 1 IV SGB XI. Jedoch soll nicht der gesamte pflegerische Bedarf über die soziale Pflegeversicherung gedeckt sein („Teilkaskoversicherung"). Dennoch verfügt das SGB XI über einen breiten Leistungskatalog. Eine Übersicht findet sich in § 28 SGB XI. Man kann die Leistungen untergliedern in Leistungen bei häuslicher Pflege, §§ 36 ff. SGB XI, teilstationäre und Kurzzeitpflege, §§ 41 f. SGB XI und vollstationäre Pflege, §§ 43 f. SGB XI. Die Leistungen sind jeweils nach oben gedeckt, so beträgt beispielsweise das Pflegegeld in der Pflegestufe I 235 € monatlich, § 37 I Nr. 1c SGB XI – unabhängig davon, ob der tatsächliche Bedarf darüber liegt (es sei denn, es wird die nächste Pflegestufe erreicht).

38

In den §§ 45a ff. SGB XI hat der Gesetzgeber Leistungen für Menschen mit erheblichem allgemeinen Betreuungsbedarf geregelt. Hierbei handelt es sich insbesondere um Menschen mit Demenzerkrankungen, die ansonsten aufgrund des Krankheitsbildes nur schwer von der Pflegeversicherung erfasst werden.

Durch das Pflegeweiterentwicklungsgesetz, in Kraft zum 1.7.2008,[7] haben jetzt auch Personen Zugang zu Leistungen nach dem SGB XI, die nicht die erhebliche Pflegebedürftigkeit nach §§ 14, 15 SGB XI erreichen, aber erheblich in ihrer Alltagskompetenz eingeschränkt sind. Für zusätzliche Betreuungsleistungen können monatlich 100 € (Grundbetrag) oder 200 € (erhöhter Betrag) ersetzt werden, § 45b SGB XI. Vgl. auch die Neuregelungen durch das Pflege-Neuausrichtungs-Gesetz in §§ 123, 124 SGB XI (siehe oben)

Die Leistungen der sozialen Pflegeversicherung sind häufig zu kombinieren mit den denen anderer Sozialversicherungszweige und den Sozialhilfeleistungen.

Beispiel 3: Der 83-jährige V ist Rentner und pflegebedürftig. Er lebt noch in seinem eigenen Haushalt. Er bezieht zum einen Altersrente nach dem SGB VI, bekommt jedoch – weil seine Rente so gering ist - ergänzende Leistungen nach den §§ 41 ff. SGB XII – Grundsicherung im Alter. Er ist zudem erheblich pflegebedürftig und bekommt Leistungen nach dem SGB XI, da diese nicht ausreichen, wird auch diese Leistung ergänzt durch die Hilfen zur Pflege nach dem SGB XII, §§ 61 ff. SGB XII. Da er auch seine Medikamente nicht eigenständig einnehmen kann, hat er zudem Anspruch auf häusliche Krankenpflege nach § 37 II SGB V – Behandlungspflege.

Literatur

📖 Siehe zur Behandlungspflege und Grundpflege und der Kostenträgerschaft: *Entscheidung des BSG vom 17.3.2005, Az. B 3 KR 9/04 R*

Das SGB XI bietet darüber hinaus auch Leistungen für Pflegepersonen nach § 19 SGB XI – also insbesondere Angehörige, §§ 44 f. SGB XI. Danach wird eine soziale Sicherung der Pflegepersonen durch die Versicherung in der gesetzlichen Rentenversicherung angestrebt. Auch Pflegekurse für Angehörige und

---

[7] Gesetz zur strukturellen Weiterentwicklung der Pflegeversicherung (Pflegeweiterentwicklungsgesetz) vom 28.5.2008, BGBl. I, S. 874 ff.

ehrenamtliche Pflegepersonen werden angeboten, § 45 SGB XI. Auch die zum 1.7.2008 durch das Pflegeweiterentwicklungsgesetz eingeführte Pflegezeit (geregelt im Pflegezeitgesetz) ist hierunter zu fassen.

4. Organisation und Finanzierung

Die soziale Pflegeversicherung ist zwar ein eigenständiger Zweig der Sozialversicherung, organisatorisch ist sie jedoch bei den Krankenkassen angesiedelt. Bei jeder Krankenkasse ist daher eine Pflegekasse zu errichten, § 46 I SGB XI. Auch die Pflegekassen sind rechtsfähige Körperschaften des öffentlichen Rechts. Die Organe der Pflegekassen sind jedoch die Organe der Krankenkassen, bei denen sie errichtet sind, § 46 II SGB XI.

Die Finanzierung der Pflegeversicherung erfolgt ebenfalls über Beiträge, § 54 SGB XI. Bei den versicherungspflichtig Beschäftigten bedeutet dies die hälftige Tragung der Beiträge von Arbeitnehmern und Arbeitgebern, § 58 SGB XI. Jedoch ist der Arbeitgeberanteil bei der Einführung des SGB XI durch die Streichung eines Feiertages namentlich des Buß- und Bettages kompensiert worden (außer in Sachsen), § 58 II SGB XI, so dass die Beitragslast faktisch nicht hälftig getragen wird, sondern überwiegend von den Arbeitnehmern.

IV. Das SGB VI – die gesetzliche Rentenversicherung

Das SGB VI trifft die Regelungen zur gesetzlichen Rentenversicherung. In § 4 SGB I ist die Aufgabe der Sozialversicherung und damit auch der Rentenversicherung beschrieben. Somit ist es Aufgabe der Rentenversicherung, Gesundheit und Leistungsfähigkeit insbesondere wiederherzustellen (§ 4 II Nr. 1 SGB I) und die wirtschaftliche Sicherung bei Minderung der Erwerbsfähigkeit und im Alter zu gewährleisten (§ 4 II Nr. 2 SGB I). Das SGB VI weist keine allgemeine Norm zur Beschreibung seiner Aufgaben und Ziele auf, lediglich bei einzelnen Leistungen ist ihr Sinn und Zweck näher beschrieben (vgl. § 9 SGB VI).

Die gesetzliche Rentenversicherung ist seit dem 1.1.1992 Teil des Sozialgesetzbuches und wird immer wieder Gegenstand von Reformen. Ihr Aufgabenbereich – die Absicherung im Alter und bei Erwerbsminderung – ist aufgrund der demographischen Ent-

40

wicklung in besonderer Weise betroffen. Die Absicherung im Alter erfolgt in der gesetzlichen Rentenversicherung im Rahmen des **Generationenvertrages,** d.h. die Beiträge, die von den heutigen Beitragszahlern entrichtet werden, gehen unmittelbar an die heutigen Rentner. Dieses System funktioniert nur, wenn hinreichend aktuelle Beitragszahler vorhanden sind. Aufgrund der Zunahme älterer Menschen ist dieses System gefährdet, da den Rentnern zunehmend weniger Beitragszahler gegenüberstehen. Der Gesetzgeber versucht im Rahmen der Rentenreformen, diese Problematik aufzulösen. Ein Beispiel hierfür ist die im Frühjahr 2007 beschlossene Anhebung des Renteneintrittsalters auf 67 Jahre (vgl. § 35 SGB VI iVm § 234 SGB VI).[8] Grundsätzlich soll die Alterssicherung auf drei Säulen stehen: gesetzlicher Rente, betrieblicher Rente und privater Vorsorge. Gerade der Bereich der privaten Vorsorge ist durch den Gesetzgeber besonders gefördert worden – die Riester-Rente[9] steht beispielhaft hierfür.

Literatur

📖 Peter Hanau, Bekannte und unbekannte Folgen der „Rente mit 67", NZA 2011, 537 ff.

1. Versicherungspflichtiger Personenkreis

Der versicherungspflichtige Personenkreis ist in den §§ 1 ff. SGB VI bestimmt. Die Versicherung kraft Gesetzes trifft hier insbesondere wieder die Beschäftigten, auch die behinderten Beschäftigten, vgl. § 1 Nr. 2 SGB VI. Wiederum wird deutlich, dass die Sozialversicherung in ihrem Ursprung der Absicherung der abhängig Beschäftigten dienen sollte. Doch auch ein Teil der selbstständig Tätigen ist in die gesetzliche Rentenversicherung einbezogen, vgl. § 2 SGB VI. Auch soll bestimmten Personengruppen ermöglicht werden, eine eigenständige Alterssicherung zu erwerben. Dies trifft beispielsweise Personen, die Kinder erziehen (§ 3 Nr. 1 SGB VI) oder einen Pflegebedürftigen nicht erwerbsmäßig versorgen (§ 3 Nr. 2 SGB VI). Weiter besteht die Möglichkeit einer Versicherungspflicht auf Antrag für Personen, die nicht schon in den Kreis der Versicherungspflichtigen aufge-

---

[8] RV-Altersgrenzenanpassungsgesetz vom 20.4.2007, in Kraft zum 1.1.2008, BGBl. I, S. 554.

[9] Eingeführt mit dem Altersvermögensgesetz vom 26.6.2001, in Kraft zum 1.1.2002, BGBl. I, S. 1310.

nommen sind. Dies trifft insbesondere Selbständige, § 4 SGB VI. Die Rentenversicherung kennt auch die freiwillige Versicherung, § 7 SGB VI. Ebenso wie in der gesetzlichen Krankenversicherung gibt es auch in der Rentenversicherung die Versicherungsfreiheit, d.h. bestimmte Gruppen sind von der Versicherungspflicht ausgenommen. Dies trifft wiederum Richter und Beamte, aber auch geringfügig Beschäftigte nach § 8 SGB IV; vgl. § 5 SGB VI. Weiter kann man auch eine Befreiung von der Versicherungspflicht beantragen, § 6 SGB VI.

Beispiel 4: L ist angestellte Rechtsanwältin in einer Kanzlei. Ihre Alterssicherung erfolgt über das anwaltliche Versorgungswerk (berufsständische Versorgungseinrichtung). Sie wird von der Versicherungspflicht befreit, vgl. § 6 I Nr. 1 SGB VI.

2. Aufgaben und Leistungen

Die gesetzliche Rentenversicherung kennt drei Versicherungsfälle: Alter, Erwerbsminderung und Tod. Aufgabe der gesetzlichen Rentenversicherung ist es, diese Lebensrisiken abzusichern. Wie in der Einführung deutlich wurde, ist aber nicht nur die gesetzliche Rentenversicherung zur Absicherung dieser Risiken notwendig – die betriebliche und die private Vorsorge müssen hinzutreten. Entsprechend den Versicherungsfällen sind die Leistungen der Rentenversicherung aufgebaut.

In §§ 35 ff. SGB VI finden sich die Renten wegen Alters. Neben dem Erreichen einer bestimmten im Gesetz definierten Altersgrenze, muss zudem die Erfüllung der sog. Wartezeit, § 50 SGB VI, hinzutreten. Die Wartezeiten sind insbesondere Beitragszeiten, § 55 SGB VI, aber auch Zeiten der Kindererziehung, § 56 SGB VI, und auch sog. Berücksichtigungs-, Anrechnungs- und Zurechnungszeiten, §§ 57, 58, 59 SGB VI. Die allgemeine Wartezeit für beispielsweise die Regelaltersrente beträgt 5 Jahre, § 50 I Nr. 1 SGB VI. Die Höhe der Renten richtet sich vor allem nach den entrichteten Beiträgen; höhere Beiträge führen damit auch zu einer höheren Rente.

Der Versicherungsfall Erwerbsminderung bzw. die Gefährdung der Erwerbsfähigkeit wird zum einen über die Leistungen zur Teilhabe und über Rentenleistungen abgesichert. §§ 9 ff. SGB VI bietet Leistungen zur Teilhabe, insbesondere in Form von medizinischer

42

Rehabilitation, § 13 SGB VI und zur Teilhabe am Arbeitsleben, § 16 SGB VI.

Auch für diese Leistungen müssen bestimmte Wartezeiten erfüllt sein, vgl. § 11 SGB VI. Die Renten bei Erwerbsminderung sind in §§ 43 ff. SGB VI geregelt. Die Erwerbsminderungsrente ist mit dem Gesetz zur Reform der Renten wegen verminderter Erwerbsfähigkeit vom 16.11.2000[10], massiv geändert worden. Die bisherige Teilung in Berufs- und Erwerbsunfähigkeit wurde aufgegeben und nunmehr in volle und teilweise Erwerbsminderung aufgeteilt (vgl. aber die Übergangsregelung in § 240 SGB VI). Es wird nicht mehr darauf abgestellt, ob der Leistungsberechtigte nicht mehr in seinem Beruf arbeiten kann (Berufsschutz), sondern auf den allgemeinen Arbeitsmarkt (vgl. auch § 43 III SGB VI) und auf die Verwertbarkeit seines (Rest-) Leistungsvermögens auf dem allgemeinen Arbeitsmarkt.

Beispiel 5: M ist im Jahre 1969 geboren und als Kranführer tätig. Er erkrankt an einem Postgastrektomiesyndroms mit Frühdumping, welches die Erforderlichkeit einer Diät sowie häufiger kleinerer Nahrungsaufnahmen begründet (6 x täglich ca. 10 Minuten). Schwere körperliche Arbeiten, wie sie auch der Beruf des Kranführers mit sich bringt, sind ihm nicht mehr zumutbar. M möchte eine Rente wegen voller Erwerbsminderung nach § 43 II SGB VI erhalten, da er nicht mehr als Kranführer arbeiten kann und aufgrund der vielen Pausen zur Nahrungsaufnahme auch keine andere Erwerbstätigkeit ausüben kann.

Lösung: M könnte einen Anspruch auf volle Erwerbsminderungsrente nach § 43 II SGB VI haben, wenn er die Voraussetzungen erfüllt. Das Erfüllen der Wartezeit (§ 43 II Nr. 3 SGB VI) und der Vorversicherungszeit (§ 43 II Nr. 2 SGB VI) können unterstellt werden. Fraglich ist, ob M voll erwerbsgemindert ist. Unschädlich ist, dass M seinen Beruf als Kranführer nicht mehr ausüben kann – ein Berufsschutz steht ihm nicht zu, er kann auf andere Tätigkeiten verwiesen werden (vg. § 240 SGB VI – für vor dem 2.1.1961 Geborene). In Betracht kommen hier die Tätigkeiten als Warenaufmacher, Versandfertigmacher, Mitarbeiter in einer Poststelle, Warensortierer, Montierer in der Metall- und Elektroindustrie etc. Fraglich ist jedoch, ob sich die notwendigen Pausenzeiten derart auswirken, dass er insgesamt nicht mehr erwerbstätig sein kann. Bei einer Arbeitszeit von mehr als 6 Stunden täglich stünde dem M eine halbe Stunde Pause zu (§ 4 ArbzG), diese halbe Stunde kann er auch in mehrere Abschnitte z.B. a 10 Minuten teilen; Kurzpausen von weniger als 15 Minuten alle zwei

---

[10] in Kraft zum 1.1.2001, BGBl. I, S. 1827.

43

Stunden gelten beispielsweise im öffentlichen Dienst nicht als Arbeitszeit verkürzende Pausen (sog. Verteilzeiten). Das Erfordernis zusätzlicher Nahrungsaufnahmen steht somit einer vollschichtigen Arbeitstätigkeit im Sinne des Rentenrechts nicht entgegen. Ein Anspruch auf Rente wegen voller Erwerbsminderung steht ihm nicht zu.

Literatur

📖 *Vgl. hierzu die Entscheidung des LSG Baden-Württemberg vom 20.3.2007, Az. L 11 R 684/06*
📖 Vgl. jedoch auch die Übergangsbestimmungen in §§ 240, 302b SGB VI und die *Entscheidung des LSG Saarland vom 24.5.2007, Az. L 1 R 7/06* zur Verweisbarkeit einer Frisörmeisterin bei Anwendung des § 240 SGB VI

Teilweise erwerbsgemindert ist, wer wegen Krankheit oder Behinderung auf nicht absehbare Zeit außerstande ist, unter den üblichen Bedingungen des allgemeinen Arbeitsmarktes mindestens sechs Stunden täglich erwerbstätig zu sein, § 43 I SGB VI. Volle Erwerbsminderung liegt vor, wenn eine Erwerbstätigkeit von nicht mindestens drei Stunden täglich möglich ist. Hinzukommen muss auch hier die Erfüllung der allgemeinen Wartezeit und die Zahlung von Pflichtbeiträgen in den letzten fünf Jahren vor Eintritt der Erwerbsminderung von mindestens drei Jahren, § 43 I Nr. 2, II Nr. 2 SGB VI.

Literatur

📖 Dieter Leopold, Die neue Erwerbsminderungsrente, BB 2001, 208
📖 Gert H. Steiner, Berufs- und wirtschaftskundliche Aspekte bei Erwerbsminderungsrente, SGb. 2011, 310 ff (Teil 1) und 365 ff. (Teil 2)

Der Versicherungsfall Tod wird durch die wirtschaftliche Absicherung der Hinterbliebenen des Versicherten aufgefangen. Nach den §§ 46 ff. SGB VI haben die Witwen und Witwer und die Halb-/Waisen Anspruch auf Renten. Diese Renten sind abgeleitet aus den Rentenansprüchen des Versicherten, richten sich also in der Höhe insbesondere nach den geleisteten Beiträgen des Versicherten. Unterschiede ergeben sich auch aufgrund der sog. kleinen (§ 46 I SGB VI) und großen (§ 46 II SGB VI) Witwenrente. An letztere sind weitere Voraussetzungen geknüpft, wie beispielsweise die Erziehung von Kindern unter 18. Jahren. Die kleine Witwenrente beträgt 25%, die große 55% der Versichertenaltersrente, § 67 Nr. 5, 6 SGB VI. Auch die Waisenrenten sind nach

44

Halbwaisen- und Waisenrenten in der Höhe unterteilt, § 67 Nr. 7, 8 SGB VI.

Beispiel 5a: N und O sind seit 1972 ein Paar und leben seitdem in eheähnlicher Gemeinschaft. Am 12.12.2012 an ihrem 40. Jahrestag heiraten sie. Grund hierfür ist, dass sie nunmehr gerne einen gemeinsamen Nachnamen haben möchten, da es auf den Gruppenreisen, die sie in den letzten Jahren gemeinsam machten, immer wieder zu Schwierigkeiten wegen der unterschiedlichen Namen kam. Am 5.5.2013 verstirbt der Ehemann O plötzlich an Multiorganversagen im Zusammenhang mit einer Sepsis. N möchte Witwenrente gemäß § 46 SGB VI beantragen. Hat Sie einen Anspruch?

Lösung: N könnte einen Anspruch auf Witwenrente gegen den Rentenversicherungsträger nach § 46 II SGB VI haben. Hierfür müssten die Anspruchsvoraussetzungen vorliegen. Es ist davon auszugehen, dass die Voraussetzungen nach § 46 II SGB VI (keine Wiederverheiratung, Tod des Ehegatten, der die allgemeine Wartezeit erfüllt hat, Vollendung des 47. Lebensjahres) vorliegen. Dem Anspruch könnte jedoch § 46 IIa SGB VI entgegenstehen. Danach hat die Witwe keinen Anspruch auf Witwenrente, wenn die Ehe nicht mindestens ein Jahr gedauert hat.

N und O haben am 12.12.2012 geheiratet, O ist am 5.5.2013 verstorben. Somit hat die Ehe kein Jahr gedauert. Ein Anspruch könnte dennoch bestehen, wenn nach den besonderen Umständen des Einzelfalles die Annahme nicht gerechtfertigt ist, dass es der alleinige oder überwiegende Zweck der Heirat war, einen Anspruch auf Hinterbliebenenversorgung zu erlangen (sog. „Versorgungsehe"). Vorliegend ist fraglich, ob der zumindest überwiegende Zweck der Heirat die Versorgung im Falle des Todes des O war. N gibt an, dass sie und O einen gemeinsamen Namen führen wollten. Dies scheint nach 40 Jahren Beziehung zunächst ungewöhnlich, stellt aber keinen fragwürdigen Grund dar. Auch das O plötzlich an einem Multiorganversagen verstorben ist, spricht dafür, dass nicht die Versorgung der Zweck der Eheschließung war. Anders wäre die Wertung möglicherweise, wenn das kurzfristige Versterben vorhersehbar gewesen wäre. Damit ist der überwiegende Zweck der Eheschließung nicht die Begründung einer Hinterbliebenenversorgung. Die Ehe musste damit nicht ein Jahr bestehen. N hat einen Anspruch auf Witwenrente gegen den Rentenversicherungsträger nach § 46 SGB VI.

Literatur

📖 *Vgl. hierzu die Entscheidung des BSG vom 27.8.2009, Az. B 13 R 101/08 R*

Beispiel 5b: Stellt sich die Rechtslage anders dar, wenn es sich bei N und O um zwei Männer handelt, die eine eingetragene Lebenspartnerschaft nach dem Lebenspartnerschaftsgesetz. geführt haben?

Lösung: Nein, vgl. § 46 IV SGB VI, wonach die eingetragene Lebenspartnerschaft der Ehe gleichgestellt ist.

Siehe zur Übersicht über die Leistungen der gesetzlichen Rentenversicherung auch § 23 SGB I.

3. Organisation und Finanzierung

Träger der gesetzlichen Rentenversicherung ist die Deutsche Rentenversicherung Bund, die Deutsche Rentenversicherung Knappschaft-Bahn-See und 16 Regionalträger, vgl. §§ 125 ff, 132 SGB VI.

Die gesetzliche Rentenversicherung wird aus den Beiträgen und den Zuschüssen des Bundes finanziert, § 153 SGB VI. Die Beiträge werden grundsätzlich von den Versicherten und den Arbeitgebern je zur Hälfte getragen, § 168 SGB VI. Der Bund leistet einen Zuschuss zu den Gesamtausgaben, da die gesetzliche Rentenversicherung auch sog. versicherungsfremde Leistungen, wie z.B. Rentenanteile, die auf beitraglosen Zeiten beruhen, aber sozialpolitisch gewollt sind, erbringt. Durch die Beitragsbemessungsgrenze wird das Einkommen für die Beitragsbemessung nur bis zu einer bestimmten Höhe berücksichtigt, § 159 SGB VI, Verordnungsermächtigung in § 160 SGB VI. Im Jahr 2013 liegt die Beitragsbemessungsgrenze bei 69.600 € jährlich, 5.800 € monatlich, in den neuen Bundesländern bei jährlich 58.900 € und 4.900 € monatlich.

V. Das SGB VII – die gesetzliche Unfallversicherung

Im SGB VII ist die gesetzliche Unfallversicherung geregelt, deren grundsätzliche Aufgaben ebenfalls in § 4 SGB I definiert sind. Auch in der gesetzlichen Unfallversicherung haben die Versicherten damit das Recht auf die notwendigen Maßnahmen zur Erhaltung, zur Besserung und zur Wiederherstellung der Gesundheit und der Leistungsfähigkeit und auf angemessene wirtschaftliche Versorgung. Gleiches gilt für die Hinterbliebenen. In § 1 SGB VII ist die Aufgabe der gesetzlichen Unfallversicherung näher definiert. Danach muss sie mit allen geeigneten Mitteln Arbeitsunfälle und Berufskrankheiten sowie arbeitsbedingte Gesundheitsgefahren verhüten und nach Eintritt von Arbeitsunfällen oder Berufskrankheiten die Gesundheit und die Leistungsfähigkeit der

46

Versicherten mit allen geeigneten Mitteln wiederherstellen und sie oder ihre Hinterbliebenen durch Geldleistungen entschädigen.

Die Unfallversicherung löst die privatrechtliche Unternehmerhaftung ab und schafft eine öffentlich-rechtliche Versicherung gegen die Folgen von Arbeitsunfällen.

Die gesetzliche Unfallversicherung ist zum 1.1.1997 in das SGB überführt worden.[11] Durch das Unfallversicherungsmodernisierungsgesetz[12] ist die Gesetzliche Unfallversicherung in wesentlichen Aspekten reformiert worden, die insbesondere das Organisationsrecht betreffen. Hierzu zählt auch die Reduzierung der Trägerzahl, insb. der Berufsgenossenschaften bis zum 31.12.2009. Das Leistungsrecht ist jedoch unangetastet geblieben.

Literatur

📖 Vgl. zur Organisationsreform: Franz Ruland, Verein oder Körperschaft?, NZS 2007, 337 ff.

📖 Dirk Dahm, Die Reform der gesetzlichen Unfallversicherung, WzS 2008, 289 ff.

1. Versicherungspflichtiger Personenkreis

Der versicherte Personenkreis des SGB VII ist in den §§ 2 ff. SGB VII formuliert. § 2 SGB VII spricht zunächst von der Versicherung kraft Gesetzes. Auch die gesetzliche Unfallversicherung richtet sich in erster Linie an die Beschäftigten, § 2 I Nr. 1 SGB VII, also Arbeitnehmer, Arbeitnehmerinnen und arbeitnehmerähnliche Personen. Auch Personen, die wie nach Absatz 1 Nr. 1 als Versicherte tätig werden, sind in den Schutzbereich des SGB VII einbezogen, § 2 II SGB VII.

Eine Besonderheit der gesetzlichen Unfallversicherung besteht in der sog. „unechten Unfallversicherung". In der unechten Unfallversicherung sind Personen versichert, die Tätigkeiten durchführen, die gesellschaftlich besonders erwünscht sind, vgl. § 2 I Nr. 9, 10, 12, 13 SGB VII. Siehe auch § 2 Ia SGB VII bzgl. der Personen, die am Freiwilligendienst teilnehmen.

---

[11] Gesetz vom 7.8.1996, BGBl. I, S. 1254.

[12] UVMG, Gesetz vom 30.10.2008, BGBl. I, S. 2130.

Beispiel 6: A ist ehrenamtlicher rechtlicher Betreuer gemäß §§ 1896 ff. BGB. Er betreut den schwerbehinderten B. Bei einem Besuch bei B stürzt A schwer und verletzt sich. A hat, obwohl er nicht Arbeitnehmer ist, Ansprüche gegen den Träger der gesetzlichen Unfallversicherung, da er nach § 2 I Nr. 9 SGB VII unfallversichert ist.

Auch Kinder in Tageseinrichtungen, Schüler und Studierende sind gemäß § 2 I Nr. 8 SGB VII in den Kreis der versicherten Personen aufgenommen. Siehe im Einzelnen § 2 SGB VII.

Beispiel 7: C ist Studentin der Sozialen Arbeit an der Hochschule Bremen. Beim Verlassen des Seminarraums rutscht sie aus und bricht sich ein Bein. C hat Ansprüche gegen den Träger der gesetzlichen Unfallversicherung, da sie nach § 2 I Nr. 8 c) SGB VII unfallversichert ist.

Die gesetzliche Unfallversicherung kennt zudem die Versicherung kraft Satzung (§ 3 SGB VII) und die freiwillige Versicherung (§ 6 SGB VII). Auch hier ist ein Kreis von Personen von der Versicherung befreit, § 4 SGB VII, insbesondere die Personen, für die beamtenrechtliche Unfallfürsorgevorschriften gelten.

2. Versicherungsfall

Die gesetzliche Unfallversicherung kennt zwei Versicherungsfälle: den Arbeitsunfall und die Berufskrankheit, § 7 SGB VII. Unterfall des Arbeitsunfalls ist der sog. Wegeunfall, vgl. § 8 II SGB VII. Die Versicherungsfälle der unechten Unfallversicherung sind ähnlich angelegt wie der Arbeitsunfall. In der gesetzlichen Unfallversicherung ist die Ursache für den Eintritt des Versicherungsfalles von hoher Relevanz. Denn anders als z.B. in der gesetzlichen Krankenversicherung ist die Ursache entscheidend für die Leistungsgewährung (Finalprinzip versus Kausalprinzip).

a. Der Arbeitsunfall

Der Arbeitsunfall ist in § 8 I SGB VII näher definiert. Danach sind Arbeitsunfälle Unfälle von Versicherten infolge einer versicherten Tätigkeit. Unfälle sind zeitlich begrenzte, von außen auf den Körper einwirkende Ereignisse, die zu einem Gesundheitsschaden oder zum Tod führen, § 8 I 2 SGB VII.

Durch diese Formulierung wird eine sog. doppelte Kausalbeziehung begründet, die vorliegen muss, damit die gesetzliche

48

Unfallversicherung leistet. Durch eine versicherte Tätigkeit muss ein schädigendes Ereignis verursacht worden sein (haftungsbegründende Kausalität), welches einen Gesundheitsschaden oder den Tod zur Folge hat (haftungsausfüllende Kausalität).

Es gibt in diesem Zusammenhang eine Reihe von Zurechnungs- und Kausalitätsproblematiken und Einzelfalllösungen.

Beispiel 8: D ist angestellter KFZ-Schlosser und muss im Rahmen seiner Tätigkeit auf ein 2 Meter hohes Gerüst steigen. Er stürzt vom Gerüst und zieht sich eine Prellung der linken Schulter zu. Er möchte die Heilbehandlungskosten nach §§ 27 ff. SGB VII vom Unfallversicherungsträger erhalten.

Lösung: Um anspruchsberechtigt zu sein, muss zunächst ein Arbeitsunfall vorliegen. Hierfür müsste die Verrichtung des Versicherten zur Zeit des Unfalls der versicherten Tätigkeit zuzurechnen sein (innerer bzw. sachlicher Zusammenhang). Dies ist vorliegend der Fall. Diese Tätigkeit müsste zum Unfallereignis geführt haben. Die Unfallkausalität ist hier ebenfalls gegeben, das Klettern auf das Gerüst führte zum Sturz. Die haftungsbegründende Kausalität müsste vorliegen. Der Sturz führte zur Prellung der Schulter. Die versicherte Tätigkeit muss rechtlich zudem wesentliche Ursache des Unfalls gewesen sein. Abgegrenzt werden kann dies nach der **Theorie der wesentlichen Bedingung**, wonach das Ereignis nicht hinweggedacht werden kann, ohne dass der Erfolg entfiele (conditio-sine-qua-non) und die Ursache rechtlich für den Erfolg verantwortlich gemacht werden kann bzw. der Erfolg zugerechnet wird, also wesentlich war. Der Sturz und die folgende Prellung sind auf die versicherte Tätigkeit zurückzuführen und wesentliche Bedingung gewesen. Weiter müsste die haftungsausfüllende Kausalität erfüllt sein, d.h. das schädigende Ereignis müsste mindestens einen Gesundheitsschaden verursacht haben und der Unfall muss wesentliche Ursache für den Gesundheitsschaden gewesen sein. Dies ist hier der Fall. D kann einen Anspruch nach §§ 27 ff. SGB VII geltend machen.

Literatur

📖 Vgl. zur Anerkennung einer psychischen Störung als Unfallfolge und zu Fragen der Kausalität: *Entscheidung des BSG vom 9.5.2006, Az. B 2 U 1/05 R*

📖 Peter Becker, Besonderheiten und Grenzen kausaler Zusammenhänge im Recht der gesetzlichen Unfallversicherung, Brennpunkte des Sozialrechts 2009, 33 ff.

Weitere Problematiken ergeben sich in Fällen der sog. selbstgeschaffenen Gefahr ...

Beispiel 9: E arbeitet in einer Lagerhalle. Um an einen Gegenstand im obersten Regal zu gelangen, holt er aus Bequemlichkeit nicht die sichere Leiter, sondern stellt einen Stuhl auf einen Tisch. Der Stuhl stürzt um, E kommt zu Schaden.

... bei den sog. Trunkenheitsunfällen ...

Beispiel 10: F ist LKW-Fahrer und verursacht volltrunken mit seinem LKW einen schweren Verkehrsunfall, bei dem er selbst zu Schaden kommt.

... und bei betrieblichen Gemeinschaftsveranstaltungen.

Beispiel 11: G ist Angestellte der Firma H und besucht den alljährlichen Betriebsausflug. Sie stolpert über eine Türschwelle des Lokals, in welchem der Betriebsausflug stattfindet.

In den ersten beiden Fällen ist kein Versicherungsschutz nach dem SGB VII gegeben, im letzteren sehr wohl.

Unterfall des Arbeitsunfalls ist der sog. *Wegeunfall* nach § 8 II SGB VII. Danach sollen auch die Wege von und zur Arbeit dem Unfallversicherungsschutz unterliegen.

Beispiel 12: I fährt nach seiner Spätschicht mit seinem PKW nach Hause. In einer Rechtskurve verliert er die Kontrolle über das Fahrzeug und kommt von der Fahrbahn ab, überschlägt sich mehrfach und ist seitdem querschnittsgelähmt. Hierbei handelt es sich um einen Versicherungsfall nach § 8 II Nr. 1 SGB VII.

Literatur

📖 Vgl. zum Wegeunfall und der Verursachung eines Verkehrsunfalls unter Alkohol- und Cannabiseinfluss: *Entscheidung des BSG vom 30.1.2007, Az. B 2 U 23/05 R*

Darüber hinaus sind auch weitere Wege unfallversichert.

Beispiel 13: J fährt auf dem Weg zur Arbeit ihren 4-jährigen Sohn zum Kindergarten. Dabei erleidet sie einen Verkehrsunfall. Hierbei handelt es sich um einen Versicherungsfall nach § 8 II Nr. 2 a) SGB VII.

Literatur

📖 Vgl. zum Wegeunfall und des abweichenden Weges zum Zwecke des Transportes von Kindern: *Entscheidung des BSG vom 20.3.2007, Az. B 2 U 19/06 R*

b. Die Berufskrankheit

Der Versicherungsfall der Berufskrankheit ist in § 9 SGB VII be-schrieben. Nach § 9 I SGB VII sind Berufskrankheiten Krank-heiten, die in der Berufskrankheitenverordnung als solche bezeich-net sind und welche die Versicherten infolge einer den Ver-sicherungsschutz nach §§ 2, 3, 6 SGB VII begründenden Tätigkeit erleiden, siehe auch § 9 II und III SGB VII.

Beispiel 14: K hat im Rahmen seiner Berufstätigkeit in den letzten 25 Jahren vielfach Kontakt mit Asbest gehabt. Nun wird bei ihm ein Bron-chialkarzinom (Lungenkrebs) festgestellt, welches auf die Tätigkeit zu-rückzuführen ist. K hat Ansprüche auf Leistungen nach dem SGB VII, da es sich um eine anerkannte Berufskrankheit gemäß Nr. 4104 Anlage 1 der BKV handelt.

Literatur

📖 Vgl. zur Berufskrankheit und außerberuflichen Einwirkungen (Nikotinabusus): *Entscheidung des BSG vom 30.1.2007, B 2 15/05 R.*

c. Versicherungsfall bei der unechten Unfallversicherung

Der Versicherungsfall bei der unechten Unfallversicherung ist ähn-lich konstruiert wie der, der echten Unfallversicherung. Hier ist die „versicherte Tätigkeit" dann der Hochschulbesuch oder die Not-hilfe.

3. Aufgaben und Leistungen

Die Aufgaben und Leistungen der gesetzlichen Unfallversicherung sind breit gefächert. Hierzu zählen:

- Leistungen zum Arbeitsschutz und zur Prävention, §§ 14-25 SGB VII, insbesondere die Fassung der Unfallver-hütungsvorschriften gemäß § 15 SGB VII,
- Leistungen zur Heilbehandlung, §§ 27 ff. SGB VII,
- Leistungen zur Teilhabe am Arbeitsleben, §§ 35 ff. SGB VII,
- Leistungen zur Teilhabe am Leben in der Gemeinschaft und ergänzende Leistungen, §§ 39 SGB VII,
- Leistungen bei Pflegebedürftigkeit, § 44 SGB VII,

- Geldleistungen während der Heilbehandlung und der Leistung zur Teilhabe am Arbeitsleben, §§ 45 ff. SGB VII, insbesondere das Verletztengeld nach §§ 45 ff. SGB VII,
- Renten an Versicherte, §§ 56 ff. SGB VII,
- Leistungen an Hinterbliebene, §§ 63 ff. SGB VII, insbesondere Renten nach §§ 65 ff. SGB VII,
- Abfindung, §§ 75 ff. SGB VII,

Vgl. auch die Übersichtsnorm in § 22 SGB I.

4. Organisation und Finanzierung

Die Träger der Unfallversicherung sind insbesondere die gewerblichen Berufsgenossenschaften, die Sozialversicherung für landwirtschaft, Forsten und Gartenbau bzw. die landwirtschaftliche Berufsgenossenschaften, die Unfallkassen der Eisenbahn und der Post/Telekom, die Feuerwehrunfallkassen, die Unfallkassen des Bundes, der Länder und der Gemeinden, vgl. § 114 SGB VII. Der Spitzenverband der Berufsgenossenschaften und der Unfallversicherungsträger der öffentlichen Hand ist die Deutsche Gesetzliche Unfallversicherung.

Finanziert wird die gesetzliche Unfallversicherung aus den Beiträgen der Arbeitgeber/Unternehmer, §§ 150 ff. SGB VII. Dies ist dem Umstand geschuldet, dass durch die gesetzliche Unfallversicherung der Unternehmer von seiner Haftpflicht befreit wird, jedoch gilt dies auch für vom Unternehmer nicht verschuldete Arbeitsunfälle und Berufskrankheiten. Dies wird mit der arbeitsrechtlichen Fürsorgepflicht des Unternehmers begründet.

Die Kosten für die „unechte" Unfallversicherung (z.B. § 2 I Nr. 13 SGB VII) – eher als Teil des Entschädigungsrechts zu sehen – werden aus Steuermitteln finanziert.

VI. Das SGB III – die Arbeitsförderung

Im SGB III ist das Recht der Arbeitsförderung geregelt – ein besonderer Zweig der Sozialversicherung, für den auch nur begrenzt das SGB IV anwendbar ist (siehe § 1 I 2 SGB I). Die Aufgaben der Arbeitsförderung sind bereits in § 3 II SGB I beschrieben. Danach hat, wer am Arbeitsleben teilnimmt oder teilnehmen will, ein Recht auf Beratung bei der Wahl des Berufs, auf individuelle Förderung seiner beruflichen Weiterbildung, auf Hilfe zur Erlangung eines angemessenen Arbeitsplatzes und auf wirtschaftliche Sicherung bei Arbeitslosigkeit und bei Zahlungsunfähigkeit des Arbeitgebers. Die Arbeitsförderung hat also einen breiten Aufgabenbereich, der auch deutlich macht, welchen hohen Stellenwert die Erwerbstätigkeit in unserer Gesellschaft hat. Auch § 1 SGB III, welcher die Ziele der Arbeitsförderung benennt, stellt klar, dass ein hoher Beschäftigungsstand erreicht und das Arbeitslosigkeit vermieden bzw. verkürzt werden soll (zu den Zielen im Einzelnen siehe § 1 II SGB III). Deutlich wird diese hohe Relevanz von Erwerbstätigkeit auch in der zum 1.1.2005 eingeführten Grundsicherung für Arbeitssuchende – SGB II -, ebenfalls ein Gesetz, welches sich an die Gruppe der Erwerbsfähigen in unserer Gesellschaft wendet und welches – siehe hierzu das dritte Kapitel – enge Bezüge und Verknüpfungen zum SGB III aufweist.

In vielen Teilen neu gestaltet und insbesondere neu nummeriert wurde das SGB III mit dem Gesetz zur Verbesserung der Eingliederungschancen am Arbeitsmarkt vom 20.12.2011.[13]

1. Leistungsberechtigte und versicherungspflichtiger Personenkreis

Gemeinhin bietet die Sozialversicherung Leistungen für die Personen, die in ihr versichert sind. Das SGB III weist die Besonderheit auf, dass auch Nicht-Versicherte Leistungen nach dem SGB III erhalten können. Dies trifft zum einen den Personenkreis derer, die tatsächlich nicht in der Arbeitslosenversicherung sind. So kann jeder Jugendliche oder Erwachsene, der am Arbeitsleben teilnimmt oder teilnehmen will, das (Berufs-) Beratungsangebot nach § 29 SGB III in Anspruch nehmen, ebenso kann jeder Ausbildungs- und Arbeitssuchende das (Arbeits-) Vermittlungsangebot nach § 35 SGB III in Anspruch nehmen. Besonders interessant ist, dass auch Arbeitgeber Leistungen nach dem SGB III erhalten können, z.B. die Arbeitsmarktberatung nach §§ 29, 34 SGB III oder Eingliederungszuschüsse nach §§ 88 ff. SGB III, die an Arbeitgeber gezahlt werden, wenn diese Arbeitnehmer nur erschwert vermittelt werden können (vgl. auch § 90 SGB III Eingliederungszuschuss für behinderte und schwerbehinderte Menschen). Ein dritter leistungsberechtigter „Personenkreis" sind

---

[13] BGBl. I, S. 2854 ff. mit Wirkung zum 1.4.2012.

die Träger von Maßnahmen der beruflichen Ausbildung (vgl. z.B. § 74 SGB III).

Leistungsberechtigt sind:

- Nicht-Versicherte für bestimmte Leistungen
- Versicherte
- Arbeitgeber
- Träger von Maßnahmen (§ 74 SGB III) und Träger von Jugendwohnheimen (§ 80a SGB III)

Zum versicherungspflichtigen Personenkreis des SGB III zählen - und sind damit insbesondere auch berechtigt, die Entgeltersatzleistungen wie Arbeitslosengeld nach § 116 SGB III zu erhalten -, die in den §§ 24 ff. SGB III genannten Personengruppen.

Ebenso wie in den anderen Sozialversicherungszweigen ist grundsätzlich die Erwerbstätigkeit der Anknüpfungspunkt für die Sozialversicherungspflicht im SGB III (vgl. § 24 SGB III). Daher spricht § 24 SGB III auch von den Beschäftigten - in § 25 I SGB III findet sich eine Legaldefinition zum Begriff versicherungspflichtiger Beschäftigter – hierunter fallen danach Personen, die gegen Arbeitsentgelt oder zu ihrer Berufsausbildung beschäftigt sind (vgl. § 7 SGB IV zum Begriff der Beschäftigung).

§ 26 SGB III weist eine umfängliche Auflistung von Personen auf, die – obwohl nicht versicherungspflichtig beschäftigt – dennoch versicherungspflichtig sind. Hierunter fallen beispielsweise Jugendliche, die in Einrichtungen der beruflichen Rehabilitation nach § 35 SGB IX Leistungen zur Teilhabe am Arbeitsleben erhalten (§ 26 I Nr. 1 SGB III), Strafgefangene (§ 26 I Nr. 4 SGB III, siehe die weiteren Voraussetzungen dort) oder auch Personen, die Kinder, die das dritte Lebensjahr noch nicht vollendet haben, erziehen (§ 26 IIa SGB III, siehe die weiteren Voraussetzungen dort).

Versicherungsfreie Beschäftigte sind auch im SGB III Beamte, Richter und Soldaten u.a. (§ 27 I SGB III), ebenso Personen, die einer geringfügigen Beschäftigung nach § 8 SGB IV nachgehen (§ 27 II SGB III), die das Renteneintrittsalter erreicht haben vollendet haben (§ 28 I Nr. 1) oder Personen mit einer vollen Erwerbsminderung (vgl. § 28 I Nr. 2 und 3).

Mit § 28a SGB III ist die Möglichkeit eingeführt worden, sich auf Antrag im SGB III zu versichern. Interessant ist dies insbesondere für pflegende Angehörige nach dem SGB XI sowie für Existenzgründer.

2. Aufgaben und Leistungen nach dem SGB III

Die Aufgaben der Arbeitsförderung und des SGB III sind oben bereits angesprochen worden. Nachfolgend sollen die einzelnen Leistungen für die verschiedenen Adressatengruppen – Nicht-Versicherte, Versicherte, Arbeitgeber und Träger - kurz und zum Teil exemplarisch dargestellt werden. Nicht vertieft werden die Aufgaben, die die Bundesagentur für Arbeit im Übrigen hat, wie beispielsweise die Arbeitsmarkt- und Berufsforschung nach § 282 SGB III, oder die Aufgaben im Bereich der Ausländerbeschäftigung, § 284 SGB III.

a. Leistungen für Nicht-Versicherte und Versicherte

Leistungen für Versicherte und Nicht-Versicherte finden sich zunächst in den §§ 29 ff. SGB III. Danach hat dieser Personenkreis einen Anspruch auf Berufsberatung.

Für Ausbildungs- und Arbeitssuchende findet sich darüber hinaus in den §§ 35 ff. SGB III das Angebot der Arbeitsagenturen zur Ausbildungs- und Arbeitsvermittlung. Die Arbeitsvermittlung muss nicht zwingend von den Arbeitsagenturen selbst durchgeführt werden, dies kann auch durch Private übernommen werden.

Ferner können vermittlungsunterstützende Leistungen aus dem sog. Vermittlungsbudget erbracht werden, §§ 44 ff. SGB III. Dies können Bewerbungskosten, Reisekosten für z.B. die Anreise zu Vorstellungsgesprächen, Mobilitätshilfen etc. sein

Zudem wird nach den §§ 81 ff. SGB III die berufliche Weiterbildung gefördert. In der Regel sollen die Personen, die hier Leistungen erhalten, bereits beschäftigt gewesen sein, jedoch kommt diese Leistung z.B. auch für Personen ohne Berufsabschluss in Betracht. Die Weiterbildung muss der (Wieder-) Eingliederung in das Erwerbsleben dienen bzw. Arbeitslosigkeit vermeiden. Der sog. „Bildungsgutschein" ist in § 81 IV SGB III geregelt. Siehe zu den Leistungen im Einzelnen §§ 83 ff. SGB III.

Diesen Leistungen ist gemein, dass sie im Wesentlichen der Aufnahme einer versicherungspflichtigen Tätigkeit dienen und dies bestmöglich unterstützen sollen.

b. Leistungen für Versicherte

Für die Versicherten hält das SGB III eine Reihe von Leistungen, insbesondere sog. Entgeltersatzleistungen, bereit, die nachfolgend kurz dargestellt werden.

aa. Vermittlung und Vermittlungsgutschein

Hinsichtlich der Vermittlung, ist mit Blick auf die Versicherten auf die §§ 296 ff. SGB III hinzuweisen, die die Möglichkeit eines Vermittlungsgutscheins enthalten. Hierüber besteht die Möglichkeit, einen privaten Arbeitsvermittler zu engagieren, der für eine erfolgreiche Vermittlung bis zu 2000 € (siehe auch § 45 VI 4 SGB III).

bb. Gründungszuschuss

Weiter gibt es für Personen, die einen Entgeltersatzanspruch erworben haben, also insbesondere Personen, die Arbeitslosengeld berechtigt wären, die Möglichkeit der Förderung der Aufnahme einer selbständigen Tätigkeit um die Arbeitslosigkeit zu beenden. Geregelt ist dieser sog. Gründungszuschuss in den §§ 93 f. SGB III. Der Gründungszuschuss wird für neun Monate gewährt, kann um 6 Monate verlängert werden und beträgt das dem Versicherten zustehende Arbeitslosengeld plus 300 € monatlich. Hierüber soll für Arbeitslose ein Anreiz geschaffen werden, den Schritt in die Selbstständigkeit zu wagen. Wesentliche Voraussetzung der Förderung ist jedoch die Prüfung der „Geschäfts-/Dienstleistungsidee" durch eine fachkundige Stelle, wie beispielsweise die Industrie- und Handelskammer.

Literatur

📖 *Christian Link, Der neue Gründungszuschuss gemäß § 57 SGB III, SGb 2007, 17*

cc. Berufsausbildungsbeihilfe

Hinzuweisen ist noch auf die Förderung der Berufsausbildung für Auszubildende nach den §§ 56 ff. SGB III: Ein wichtiges

56

Instrument zur Förderung der Jugenderwerbstätigkeit, die es ermöglicht, eine Ausbildung oder eine berufsvorbereitende Bildungsmaßnahme durchzuführen, auch wenn die finanziellen Mittel hierzu fehlen.

dd. Entgeltersatzleistungen, insbesondere das Arbeitslosen geld nach §§ 136 ff. SGB III

Zu den Entgeltersatzleistungen zählen das Arbeitslosengeld nach §§ 136 ff. SGB III, das Teilarbeitslosengeld nach § 162 SGB III, das Übergangsgeld nach §§ 119 ff. SGB III, das Kurzarbeitergeld nach §§ 95 ff. SGB III und das Insolvenzgeld nach §§ 165 ff. SGB III. Die Arbeitslosenhilfe war bis zum 1.1.2005 ebenfalls im SGB III geregelt, ist aber nunmehr durch die Grundsicherung für Arbeitsuchende – SGB II – ersetzt worden und auch dort geregelt. Diesen Leistungen ist gemein, dass sie dem Ersatz des Arbeitsentgeltes dienen sollen, welches aus unterschiedlichen Gründen, z.B. Arbeitslosigkeit, nicht mehr geleistet wird.

Das Arbeitslosengeld ist die relevanteste Entgeltersatzleistung nach dem SGB III. Es dient in Zeiten der Arbeitslosigkeit zur Sicherung der Lebensgrundlage und hat dadurch, dass es in der Höhe abhängig von den zuvor geleisteten Beiträgen ist, auch Lebensstandard sichernde Funktionen. Es wird bei Arbeitslosigkeit (§ 136 I Nr. 1 SGB III) oder bei beruflicher Weiterbildung (§§ 1136 I Nr. 2, 124a SGB III) gewährt. Beachte auch die Altersgrenze in § 136 II SGB II.

Die Leistungsvoraussetzungen sind in den §§ 136 ff. SGB III geregelt. Nach § 137 SGB III muss ein Arbeitnehmer:

- arbeitslos sein, §§ 137 I Nr. 1, 138 ff. SGB II,
- sich bei der Agentur für Arbeit arbeitslos gemeldet haben, §§ 137 I Nr. 2, 141 SGB III,
- die Anwartschaftszeit erfüllt haben, §§ 136 I Nr. 3, 142 f. SGB III.

Arbeitnehmer sind Personen, die in Zukunft eine versicherungspflichtige Tätigkeit ausüben wollen. Arbeitslos ist man, wenn man nicht in einem Beschäftigungsverhältnis steht (Beschäftigungslosigkeit), sich bemüht die Beschäftigungslosigkeit zu beenden (Eigenbemühungen) und den Vermittlungsbemühungen der Agentur für Arbeit zur Verfügung steht (Verfügbarkeit), § 138 I SGB III.

Beispiel 15: A hat seinen Arbeitsplatz verloren. Er möchte Arbeitslosengeld beantragen. Sein Freund B betreibt einen kleinen Kiosk und könnte dienstags für drei Stunden gut Unterstützung gebrauchen und würde A hierfür auch bezahlen. A hat Sorge, dass er sich dann nicht arbeitslos melden kann, weil er dann nicht beschäftigungslos wäre. Zu Recht?

Lösung: A könnte einen Anspruch auf Arbeitslosengeld nach § 136 I Nr. 1 SGB III haben. Hierfür müsste er gemäß § 137 I Nr. 1 SGB III arbeitslos sein. Arbeitslos bedeutet nach § 138 I Nr. 1 SGB III zunächst Beschäftigungslosigkeit. Das heißt, er dürfte in keinem Beschäftigungsverhältnis stehen. Der Beschäftigungslosigkeit steht nach § 138 III SGB III eine Beschäftigung, die weniger als 15 Stunden Arbeitszeit wöchentlich umfasst, nicht entgegen. Vorliegend soll A lediglich drei Stunden wöchentlich arbeiten, so dass dies der Beschäftigungslosigkeit nicht entgegensteht. Die weiteren Voraussetzungen – Arbeitslosmeldung, Anwartschaftszeit – sind noch zu prüfen.

Beispiel 16: C hat bislang im Schichtdienst bei einem Automobilhersteller gearbeitet. In seiner Freizeit hat er in einer Einrichtung für Kinder mit Lernschwierigkeiten, insbesondere Leseproblemen, 17 Stunden die Woche ehrenamtlich mit diesen Kindern Lesestunden unter der Woche, oder auch Lesewochenenden durchgeführt. Nun möchte er sich arbeitslos melden, befürchtet aber, dass die ehrenamtliche Tätigkeit dem entgegensteht. Zu Recht?

Lösung: C könnte einen Anspruch auf Arbeitslosengeld nach § 136 I Nr. 1 SGB III haben. Hierfür müsste er gemäß § 137 I Nr. 1 SGB III arbeitslos sein. Arbeitslos bedeutet nach § 138 I Nr. 1 SGB III zunächst Beschäftigungslosigkeit. Das heißt, er dürfte in keinem Beschäftigungsverhältnis stehen. Die ehrenamtliche Tätigkeit ist keine Beschäftigung in diesem Sinne (vgl. auch § 7 SGB IV), so dass die Begrenzung auf 15 Stunden Arbeitszeit wöchentlich hier keine Bedeutung hat. Nach § 138 II SGB III schließt eine ehrenamtliche Betätigung Arbeitslosigkeit nur dann aus, wenn dadurch die berufliche Eingliederung beeinträchtigt wird. Dies scheint hier fraglich. C ist ca. 17 Stunden in der Woche ehrenamtlich tätig, wobei ein Teil dieser Tätigkeit an den Wochenenden liegt, der andere Teil wird – da es sich um Schulkinder handelt – an den Nachmittagen liegen. Zu den Eingliederungsmaßnamen könnten Trainingskurse oder Weiterbildungsmaßnahmen zählen. Diese liegen in der Regel an den Wochentagen, häufig vormittags. Das Wahrnehmen von Terminen bei der Arbeitsagentur oder auch Bewerbungsgespräche finden in der Regel ebenfalls Wochentags, häufig vormittags, statt. Die Arbeitsplatzsuche – Zeitung, Internet - und das Schreiben der Bewerbungen kann zeitlich individuell gestaltet werden. Hinzu kommt, dass C sicherlich seine ehrenamtlichen Verpflichtungen den jeweiligen Anforderungen der Eingliederung anpassen können wird, da er gerade nicht gegen Entgelt beschäftigt ist. Die ehrenamtliche Betätigung steht dem Arbeitslosengeldanspruch

daher nicht entgegen. Die weiteren Voraussetzungen – Arbeitslosmeldung, Anwartschaftszeit – sind noch zu prüfen.

Weiter setzt Arbeitslosigkeit Verfügbarkeit voraus, § 138 I Nr. 3
SGB III. Diese Verfügbarkeit ist in den nachstehenden Absätzen
und Paragraphen näher erläutert. § 138 V SGB III schlüsselt hier
die Verfügbarkeit in objektive und subjektive Aspekte auf. Nach Nr.
1 muss eine mindestens 15 Wochenstunden umfassende zumutbare Beschäftigung aufgenommen werden und den Vorschlägen
der Arbeitsagentur zeit- und ortsnah Folge geleistet werden
können, Nr. 2. Nach Nr. 3 und 4 muss die Bereitschaft auf Seiten
des Arbeitssuchenden bestehen, eine zumutbare Beschäftigung
auszuüben und an Maßnahmen der beruflichen Eingliederung
teilzunehmen.

Die *Zumutbarkeit* der Beschäftigung ist in § 140 SGB III näher
erläutert. Nach § 140 I SGB III sind einem Arbeitslosen alle seiner
Arbeitsfähigkeit entsprechenden Beschäftigungen zumutbar, d.h.
es gibt keinen Berufsschutz und die Arbeitslosen können auch auf
Berufe verwiesen werden, die sie nicht gelernt haben, aber
ausüben können. Der qualifikationsgerechte Einsatz ist dennoch
weiterhin das Ziel, stellt jedoch keinen Anspruch des Arbeitslosen
dar. Zumutbar sind Beschäftigungen nicht, wenn allgemeine (§
140 II SGB III) oder personenbezogene (§ 140 III, IV SGB III)
Gründe dem entgegenstehen. Personenbezogene Gründe sind in
gewissem Ausmaß das zu erzielende Arbeitsentgelt, die
Pendelzeiten und die Zumutbarkeit eines Umzugs an den neuen
Arbeitsplatz.

Beispiel 17: D hat bislang als PC-Spezialistin gearbeitet und wird arbeitslos. Sie hat einen Antrag auf Arbeitslosengeld gestellt. Kurz darauf meldet
sich ihr Fallmanager der Agentur für Arbeit bei ihr und teilt ihr mit, dass er
einen gut bezahlten Vollzeit-Arbeitsplatz als PC-Spezialistin für sie gefunden habe, jedoch sei dieser im 90 km entfernten Ort E, dies würde
täglich einen Arbeitsweg von zwei Stunden hin und zurück bedeuten. Ist D
diese Beschäftigung zumutbar?

Lösung: Gemäß § 140 IV SGB III sind in der Regel Pendelzeiten von bis
zu 2,5 Stunden täglich bei einer Arbeitszeit von mehr als 6 Stunden
zumutbar. Vorliegend handelt es sich um eine Vollzeitbeschäftigung und
der Arbeitsweg nimmt 2 Stunden täglich in Anspruch. Damit ist der D die
Beschäftigung zumutbar.

Neben der Arbeitslosigkeit ist die Arbeitslosmeldung weitere Voraussetzung des Anspruchs auf Arbeitslosengeld. Diese Arbeitslosmeldung muss gemäß § 141 SGB III persönlich erfolgen.

Beispiel 18: F verliert seinen Arbeitsplatz. Da er selber keine Lust hat, zur Arbeitsagentur zu gehen, schickt er seine 19-jährige Tochter G. Wirksame Arbeitslosmeldung?

Lösung: Die Arbeitslosmeldung muss persönlich erfolgen, d.h. F muss auch persönlich zur Arbeitsagentur gehen.

Weiter muss die Arbeitslosmeldung auch frühzeitig erfolgen, § 38 I SGB III, wonach eine Arbeitslosmeldung unverzüglich nach Kenntnis der Beendigung des Arbeitsverhältnisses zu erfolgen hat, in Fällen befristeter Arbeitsverhältnisse jedoch drei Monate vor Vertragsende. In Fällen des § 38 I SGB III reicht die telefonische Meldung, wenn die persönliche nachgeholt wird (§ 38 I 3 SGB III).

Literatur

📕 *Siehe die Entscheidung des BSG vom 25.5.2005, Az. B 11a/11 AL 81/04*

Dritte Voraussetzung ist die Erfüllung der Anwartschaftszeit, § 137 I Nr. 3 SGB III. Hieran wird der Versicherungscharakter des SGB III deutlich. Die Erfüllung der Anwartschaftszeit setzt voraus, das nach §§ 142, 143 SGB III innerhalb der Rahmenfrist von 2 Jahren versicherungspflichtige Zeiten von insgesamt 12 Monaten nachgewiesen werden können. Häufig werden dies Beschäftigungs- und Beitragszeiten sein, d.h. der Arbeitslose stand vor der Arbeitslosigkeit mindestens 12 Monate in einem versicherungspflichtigen Beschäftigungsverhältnis und hat entsprechend Beiträge in die Arbeitslosenversicherung eingezahlt.

Sind diese drei Voraussetzungen erfüllt, kommt es zur Leistung des Arbeitslosengeldes, wenn dem nicht eine Minderungs- oder Ruhensvorschrift oder der Bezug von sonstigem Einkommen nach den §§ 155 ff. SGB III entgegensteht.

Beispiel 19: A nimmt, wie unter Beispiel 15 dargestellt, seine Tätigkeit in dem Kiosk von B auf und verdient monatlich 120 €. Dies führt nicht zu einer Minderung seines Arbeitslosengeldanspruches nach §§ 136 ff. SGB III, weil dieser Betrag unter der Anrechnungsgrenze von 165 € gemäß § 155 I SGB III liegt.

60

Das SGB III weist eine Reihe von sog. Ruhenstatbeständen auf, §§ 156 ff. SGB III. Am bekanntesten sind die sog. Sperrzeiten nach § 159 SGB III, die verhängt werden, wenn sich der Arbeitslose versicherungswidrig verhält, z.b. eine Arbeitssuchendmeldung nicht rechtzeitig abgibt, die Beschäftigung von sich aus gekündigt oder berufliche Eingliederungsmaßnahmen abgebrochen hat. Keine Sperrzeit wird verhängt, wenn es hierfür einen wichtigen Grund gab.

Beispiel 20: H hat einen befristeten Arbeitsvertrag über ein Jahr, er endet am 31.7. Am 1.8. geht H zur Arbeitsagentur, um sich arbeitslos zu melden. Sein Fallmanager teilt ihm richtigerweise mit, dass diese Arbeitslosmeldung zu spät erfolgt, gemäß § 38 I SGB III und eine Sperrung des Arbeitslosengeldes nach § 159 I Nr. 7 SGB III erfolgen wird. Die Dauer der Sperrzeit beträgt nach § 159 VI SGB III eine Woche.

Beispiel 21: I kündigt ihr Arbeitsverhältnis in Eschwege, um zu ihrem Verlobten und späteren Ehemann nach Dresden zu ziehen. Sie wählt den Zeitpunkt der Kündigung so, dass ihre Tochter aus erster Ehe nach den Sommerferien in Dresden eingeschult werden kann. Die Eheschließung erfolgt im Dezember. Bereits vor dem Umzug hat sie sich um eine Beschäftigung in Dresden bemüht – erfolglos. Sie stellt einen Antrag auf Arbeitslosengeld. Die Arbeitsagentur teilt ihr mit, dass das Arbeitslosengeld für 12 Wochen wegen Eintritts einer Sperrzeit nach § 159 I Nr. 1 iVm III SGB III ruhe, da sie das Arbeitsverhältnis gelöst habe. Ist diese Auffassung zutreffend?

Lösung: I könnte einen Anspruch auf Arbeitslosengeld gemäß § 136 SGB III haben. Hierfür müssten die Leistungsvoraussetzungen vorliegen und es dürften keine Ruhensvorschriften zum tragen kommen.

I. Vorliegen der Leistungsvoraussetzungen
Zunächst müssten die Leistungsvoraussetzungen nach §§ 136, 137 SGB III vorliegen. Danach müsste sie arbeitslos sein, sich arbeitslos gemeldet haben und die Anwartschaftszeit erfüllt haben. Dem Sachverhalt lassen sich keine gegenteiligen Aussagen entnehmen, so dass diese Voraussetzungen als erfüllt angesehen werden können.

II. Vorliegen eines Ruhenstatbestandes
Hier kommt der Ruhenstatbestand nach § 159 I Nr. 1 SGB III in Betracht, da I das Beschäftigungsverhältnis gelöst hat und damit zumindest grob fahrlässig die Arbeitslosigkeit herbeigeführt hat, da sie insbesondere keinen neuen Arbeitsplatz in Aussicht hat. Möglicherweise hat I hierfür jedoch einen wichtigen Grund. Anerkannt ist in der Rechtsprechung die Aufgabe der Beschäftigung zu Zwecken der Eheschließung und dem Zuzug zum Ehegatten, wenn die Arbeitsstelle nicht von der gemeinsamen Wohnung zumutbar erreichbar ist (siehe zur Zumutbarkeit auch die

Pendelzeiten nach § 140 IV SGB III). Vorliegend zieht I zu Zwecken der Eheschließung nach Dresden, jedoch erfolgt diese Eheschließung nicht taggenau mit dem Zuzug, so dass dies als wichtiger Grund nicht ausreicht. Sie hätte das Beschäftigungsverhältnis auch erst zum Dezember lösen können. Jedoch stellt die Einschulung der Tochter einen wichtigen Grund dar. Den Einschulungstermin als Termin zu wählen, entspricht dem Kindeswohl – anders als ein Wechsel in der ersten Klasse mitten im Schuljahr –, insoweit tritt das Interesse der Versichertengemeinschaft zurück. Diese Wertung ergibt sich insbesondere aus Art. 6 II 1 GG.

I kann auch nicht entgegengehalten werden, sie habe sich nicht um eine Beschäftigung am Zuzugsort bemüht, um Arbeitslosigkeit zu vermeiden. Laut Sachverhalt hat sie dies getan. Ein Ruhenstatbestand nach § 159 SGB III liegt damit nicht vor.

III. Ergebnis
I hat einen Anspruch auf Arbeitslosengeld nach § 136 SGB III und muss sich nicht auf eine Sperrzeit verweisen lassen.

Literatur

☐ *Siehe die Entscheidung des BSG vom 30.3.2006,*
Az. B 11a/11 AL 49/04

Die Dauer des Arbeitslosengeldbezuges richtet sich nach § 147 SGB III und ist abhängig vom Lebensalter und der Dauer des Versicherungspflichtverhältnisses. Danach kann Arbeitslosengeld zwischen 6 und 24 Monaten gewährt werden, abhängig vom Lebensalter und der Beitragszahlung.

Die Höhe des Arbeitslosengeldes ist in den §§ 149 ff. SGB III geregelt, wonach das Arbeitslosengeld 60 % des Leistungsentgeltes beträgt, wenn der Arbeitslose oder sein Ehegatte / Lebenspartner Kinder hat, beträgt der Satz 67 % des Leistungsentgeltes, § 129 SGB III. Zu Bemessungszeitraum, –rahmen und –entgelt sowie Leistungsentgelt siehe §§ 150 ff. SGB III.

c. Leistungen für Arbeitgeber

Die Leistungen für Arbeitgeber finden sich ebenfalls in den §§ 34 SGB III – Arbeitsmarktberatung und § 35 SGB III – Vermittlung. Arbeitgeber können zudem gemäß §§ 88 ff. SGB III sog. Eingliederungszuschüsse für Arbeitnehmer, deren Vermittlung wegen in ihrer Person liegender Gründe erschwert ist, erhalten.

62

d. Leistungen für Träger

Ferner gibt es Leistungen an Träger von Maßnahmen zur Berufsausbildung, § 74 SGB III und bei Träger von Jugendwohnheimen nach § 80a SGB III-, diesen ist ebenfalls ein eigener Abschnitt gewidmet, §§ 240 ff. SGB III.

e. Besonderheit: Leistungen für behinderte Menschen im Arbeitsleben

Da behinderte Menschen gemeinhin besondere Schwierigkeiten auf dem Arbeitsmarkt haben, ist zur Förderung der Teilhabe von behinderten Menschen am Arbeitsleben ein eigener Abschnitt, beginnend mit § 112 SGB III, geschaffen worden.

3. Organisation und Finanzierung

Die Bundesagentur für Arbeit ist eine rechtsfähige bundesunmittelbare Körperschaft des öffentlichen Rechts mit Selbstverwaltung, § 367 I SGB III und gliedert sich in eine Zentrale mit Sitz in Nürnberg, Regionaldirektionen (10 im gesamten Bundesgebiet, z.B. Bremen-Niedersachsen mit dem Sitz in Hannover) und Agenturen für Arbeit (ca. 180 im gesamten Bundesgebiet), § 367 II SGB III. Die Finanzierung erfolgt durch Beiträge der Versicherungspflichtigen und Arbeitgeber gemäß § 340 SGB III, sowie durch Bundesmittel. Siehe zu weiteren „Finanzierern" § 340 SGB III. Der Beitragssatz von derzeit 3,0 % wird je hälftig von Arbeitgebern und Arbeitnehmern geleistet (§ 341 II SGB III).

Die Sozialversicherung – Übersicht I

SGB V Gesetzliche Krankenversicherung	SGB XI Soziale Pflegeversicherung
Versicherter Personenkreis: §§ 5 ff. SGB V	**Versicherter Personenkreis:** §§ 20 ff. SGB XI
Versicherungsfall: Krankheit, Schwangerschaft u. Mutterschaft nach RVO Aufgabe umfasst aber auch Verhütung und Früherkennung von Krankheit	**Versicherungsfall:** Pflegebedürftigkeit, §§ 14 f. SGB XI
Leistungen: vgl. §§ 20 ff., 27 ff., 44 ff. SGB V; insb. Krankenbehandlung und Krankengeld	**Leistungen:** §§ 36 ff. SGB XI, Leistungen bei häuslicher, teilstationärer und vollstationärer Pflege, Kurzzeitpflege
Träger: Gesetzliche Krankenkassen	**Träger:** Pflegekassen
SGB IV – gemeinsame Vorschriften	

Die Sozialversicherung – Übersicht II

SGB VI Gesetzliche Rentenversicherung	SGB VII Gesetzliche Unfallversicherung	SGB III Arbeitsförderung
Versicherter Personenkreis: §§ 1 ff. SGB VI	**Versicherter Personenkreis:** §§ 2 ff. SGB VII	**Versicherter Personenkreis:** §§ 24 ff. SGB III
Versicherungsfall: Alter, Tod, Erwerbsminderung	**Versicherungsfall:** Arbeitsunfälle und Berufskrankheiten, §§ 7 ff. SGB VII	**Versicherungsfall:** Arbeitslosigkeit
Leistungen: insb. Leistungen zur med. Rehabilitation und zur Teilhabe am Arbeitsleben, Renten (vgl. §§ 15 ff., §§ 33 ff. SGB VI)	**Leistungen:** vgl. §§ 26 ff. SGB VII – Heilbehandlung, Leistungen zur Teilhabe am Arbeitsleben, Leistungen bei Pflegebedürftigkeit, Renten	**Leistungen:** Entgeltersatzleistungen insb. Arbeitslosengeld; zahlreiche Leistungen für Beratung, Vermittlung, Weiterbildung
Träger: insb. Deutsche Rentenversicherung	**Träger:** insb. Berufsgenossenschaften	**Träger:** Bundesagentur für Arbeit, mit Regionaldirektionen und Agenturen für Arbeit
SGB IV – gemeinsame Vorschriften		**Zum Teil SGB IV** – siehe § 1 SGB IV

Kapitel 3: Soziale Hilfe- und Fördersysteme

Im dritten Kapitel wird das System der Hilfe und Förderung dargestellt. Wie bereits in Kapitel 1 erläutert, geht es hierbei zum einen insbesondere um existenzsichernde Leistungen, zum anderen um die Förderung bestimmter Personengruppen in bestimmten Lebenslagen und damit auch um die Herstellung von Chancengleichheit.

I. Das SGB II - die Grundsicherung für Arbeitssuchende

Das SGB II ist gemeinsam mit dem Sozialhilferecht im SGB XII das jüngste der Sozialgesetzbücher. Es ist mit dem Vierten Gesetz für moderne Dienstleistungen am Arbeitsmarkt,[14] besser bekannt als „Hartz IV", zum 1.1.2005 in Kraft getreten. Diese Gesetzesreform kann unbedenklich als die wesentlichste Reform des Sozialhilferechts in der Bundesrepublik bezeichnet werden, hat es doch eine umfassende neue Zuordnung von Leistungsberechtigten zu den Systemen vorgenommen und auch die Verwaltung der Arbeitslosen und Sozialhilfeempfänger zu einer neuen Organisation gezwungen.

Das SGB II hat – neben der Aufgabe, den Leistungsberechtigten ein Leben zu ermöglichen, dass der Würde des Menschen entspricht, § 1 I SGB II – ganz klar die Aufgabe und das Ziel, die Eigenverantwortung der nach dem SGB II Leistungsberechtigten zu stärken und diese aus der Abhängigkeit von Leistungen nach dem SGB II herauszuführen, § 1 II SGB II. Zur Erreichung dieses Ziels stehen unterschiedliche Leistungsmöglichkeiten zur Verfügung, insbesondere Leistungen zur Eingliederung in Arbeit. Neben diesem Leistungsangebot – also einer Förderung - steht aber gleichberechtigt auch das Gebot des Forderns vom Leistungsberechtigten, namentlich dass er alle Möglichkeiten ausschöpft, um die Hilfebedürftigkeit zu beenden bzw. zu verringern (vgl. auch § 2 SGB II). Der Gesetzgeber hat hier eine Reihe von Möglichkeiten entwickelt, diese Forderung auch durchzusetzen, insbesondere mit Leistungssanktionen. Das SGB II ist aufgrund der Entscheidung des BVerfG vom 9.2.2010[15] mit dem Gesetz zur Ermittlung von Regelbedarfen und zur Änderung des

---

[14] Gesetz vom 24.12.2003, BGBl. I S. 2955; Bt.Drcks. 15/1516, 1.
[15] Az. 1 BvL 1/09, siehe auch unter Kapitel 1, I Nr. 2

66

Zweiten und Zwölften Sozialgesetzbuches vom 24.3.2011[16] an die oben genannte Rechtsprechung des BVerfG angepasst und neu gegliedert worden.[17]

1. Leistungsberechtigte

Der leistungsberechtigte Personenkreis ist in § 7 SGB II bestimmt.

a. Berechtigte nach § 7 I SGB II

Nach § 7 I SGB II ist leistungsberechtigt, wer die folgenden vier Voraussetzungen erfüllt: wer das 15. Lebensjahr vollendet und die Altersgrenze nach § 7a SGB II noch nicht vollendet hat, erwerbsfähig ist, hilfebedürftig ist und seinen gewöhnlichen Aufenthalt in der Bundesrepublik Deutschland hat.

aa. Alter und Altersgrenze, §§ 7 I, 7a SGB II

Leistungsberechtigt sind Personen, die das 15. Lebensjahr vollendet haben. Die Altersgrenze ist in § 7a SGB II geregelt und orientiert sich an dem Eintritt der Regelaltersgrenze nach dem SGB VI, d.h. es erfolgt nun eine schrittweise Anhebung der Grenze auf das 67. Lebensjahr.

bb. Erwerbsfähigkeit nach § 8 SGB II

Die Erwerbsfähigkeit ist in § 8 SGB II näher bestimmt. Danach ist erwerbsfähig, wer nicht wegen Krankheit oder Behinderung auf absehbare Zeit außerstande ist, unter den üblichen Bedingungen des allgemeinen Arbeitsmarktes mindestens drei Stunden täglich erwerbstätig zu sein. Diese Definition lehnt sich an die rentenrechtliche Bestimmung des § 43 II 2 SGB VI an und bezieht sich auf den Gesundheitszustand des Leistungsbeanspruchenden. Nicht relevant wird in diesem Zusammenhang die Frage, ob es auf dem tatsächlichen Arbeitsmarkt eine konkrete Nachfrage nach diesen Erwerbsfähigen gibt.

---

[16] BGBl. I, S. 453.
[17] Siehe zur Frage der Verfassungsmäßigkeit dieser Neuregelungen die Literaturangabe unter Kapitel 1, I Nr. 2.

Die Frage nach der Erwerbsfähigkeit hat für den Leistungsbeanspruchenden weitgehende Folgen, denn wird sie verneint, fällt er aus dem Leistungssystem des SGB II und als erwerbsunfähiger Hilfebedürftiger in das Leistungssystem des SGB XII – die Sozialhilfe. Diese Anspruchsvoraussetzung ist damit auch Abgrenzungskriterium für die Leistungssysteme SGB II und SGB XII.

Für die Bestimmung der Erwerbsfähigkeit ist die Agentur für Arbeit zuständig, § 44a SGB II. Dieser Entscheidung kann von Seiten der kommunalen Träger, anderer Leistungsträger oder Krankenkassen widersprochen werden.

Beispiel 1: J hat Leistungen nach dem SGB II beantragt. Ein medizinisches Gutachten belegt, dass J nicht erwerbsfähig iSd § 8 SGB II ist. Eine Leistungspflicht des Sozialleistungsträgers nach dem SGB II scheidet damit aus. Da es in diesem Fall keinen anderen vorrangigen Leistungsträger, wie beispielsweise den Rentenversicherungsträger zu geben scheint, wird der Sozialhilfeträger - das für J zuständige Sozialamt - nach SGB XII zur Leistungstragung verpflichtet sein.

cc. Hilfebedürftigkeit nach § 9 SGB II

Hilfebedürftig ist nach § 9 SGB II wer insbesondere seinen Lebensunterhalt und seine Eingliederung in Arbeit nicht oder nicht ausreichend aus eigenen Kräften und Mitteln beheben kann. Als Mittel kommen hier insbesondere die Aufnahme einer zumutbaren Arbeit (§ 9 I Nr. 1 SGB II), das zu berücksichtigende Einkommen oder Vermögen (§ 9 I Nr. 2 SGB II) oder die Hilfe durch andere, insbesondere Angehörige oder Träger anderer Sozialleistungen (§ 9 I letzter Halbsatz SGB II) in Betracht. Die Leistungen des SGB II sind gegenüber diesen Möglichkeiten subsidiär (vgl. auch § 3 III SGB II).

- **Aufnahme einer zumutbaren Tätigkeit, § 10 SGB II**

Die Aufnahme einer zumutbaren Arbeit, um die Hilfebedürftigkeit zu beenden oder zu verringern, lässt die Leistungspflicht nach dem SGB II zurücktreten. Zumutbar ist nach § 10 SGB II zunächst jede Arbeit, d.h. es gibt hier keinen Berufs- oder Qualifikationsschutz. Die Zumutbarkeit wird lediglich ausgeschlossen, wenn sie insbesondere aus gesundheitlichen Gründen nicht ausgeführt werden kann (§ 10 I Nr. 1 SGB II, körperlich, geistig oder seelisch, hierzu zählen jedoch auch schwerwiegende kulturelle oder religiöse Konflikte), die neue Tätigkeit die Ausübung der bisherigen Tätigkeit aus körperlichen Gründen erschweren würde (§ 10 I Nr. 2 SGB II), die Erziehung von Kindern oder die Pflege von Angehörigen (§ 10 I Nr. 3 und 4 SGB II), oder ein sonstiger wichtiger Grund dem entgegensteht (§ 10 I Nr. 5 SGB II). Die letzte Alternative stellt zwar eine Öffnung des Katalogs dar, wird aber sehr restriktiv ausgelegt.

Beispiel 2: K ist muslimischen Glaubens und bezieht Leistungen nach dem SGB II. Von seinem persönlichem Ansprechpartner im Jobcenter Bremen, dem Träger für Sozialleistungen nach dem SGB II in der Stadtgemeinde Bremen, wird ihm eine Tätigkeit in einer Schweinefleischproduktion angeboten. Diese Arbeit ist K aufgrund seiner Religion nach § 10 I Nr. 1 SGB II nicht zumutbar, er muss diese Tätigkeit daher nicht annehmen.

Beispiel 3: L bezieht Leistungen nach dem SGB II. Sie ist Konzertgeigerin und soll nunmehr in den städtischen Grünanlagen für Baumbeschnitt u.ä. zuständig sein. Durch diese Tätigkeit würde ihre Fingerfertigkeit wahrscheinlich enormen Schaden nehmen. Daher ist ihr diese Tätigkeit nach § 10 I Nr. 2 SGB II nicht zumutbar.

- **Einkommen, §§ 11 ff. SGB II**

Hilfebedürftigkeit setzt zudem voraus, dass man nicht über hinreichend Einkommen verfügt, mit dem man seinen Lebensunterhalt bestreiten kann. Was hierzu zählt, ist in den §§ 11 ff. SGB II geregelt. Einkommen ist – gerade in Abgrenzung zum Vermögen, § 12 SGB II, siehe unten – das, was der Leistungsberechtigte im Bedarfszeitraum wertmäßig hinzu erhält. Dies kann also insbesondere Einkommen aus einer Beschäftigung sein. Es sind also Einnahmen in Geld oder Geldeswert. Hiervon gibt es einige Ausnahmen, so werden z.b. die Grundrenten, die nach dem BVG (Bundesversorgungsgesetz) gezahlt werden, nicht angerechnet.

Beispiel 4: M bezieht eine Grundrente gemäß § 1 OEG iVm BVG, da sie Opfer einer Gewalttat geworden ist. Diese Rente würde nicht angerechnet, wenn sie Leistungen nach dem SGB II beantragen würde.

Das Einkommen ist zu bereinigen. So sind beispielsweise die zu entrichtenden Steuern abzusetzen, § 11b Nr. 1 SGB II. Insbesondere ist auch der sog. Freibetrag nach § 11b I Nr. 6, III SGB II abzusetzen. Hiernach besteht für die Leistungsberechtigten die Möglichkeit, zu den Leistungen nach dem SGB II dazuzuverdienen, ohne dass der Dazuverdienst voll auf die Leistungen nach dem SGB II angerechnet würde. Nach § 11b III SGB II bleibt ein Betrag von 100 € komplett anrechnungsfrei, von Einkünften zwischen 100 und 1.000 € werden 20 %, zwischen 1.000 und 1200 € werden 10 % abgesetzt. Für Leistungsberechtigte mit Kindern werden andere Beträge angesetzt (§ 11b III letzter Satz SGB II).

Beispiel 5: N bezieht Leistungen nach dem SGB II. Sie verdient als Schreibkraft in einer kleinen Rechtsanwaltskanzlei monatlich 400 €. Von diesen 400 € sind der Grundfreibetrag von 100 € nach § 11b III SGB II abzuziehen. Von den verbleibenden 300 € kann zudem ein Freibetrag von 20 % für die Einkommensanrechnung unberücksichtigt bleiben (§ 11b III Nr. 1 SGB II), d.h. 60 €. Angerechnet auf die Leistungen nach dem SGB II werden der N also 240 €.

Für die Frage der Berücksichtigung von Einkommen und Vermögen, ist auch die nach § 13 SGB II erlassene ALG II-Verordnung heranzuziehen.[18]

Beispiel 5a: M ist Mutter dreier Kinder im Alter von 14, 10 und 7 Jahren. Die Familie lebt von Leistungen nach dem SGB II. Die Großmutter der drei Kinder überweist diesen regelmäßig zu Weihnachten und Geburtstag Geldbeträge von 50 bis 70 €. Die 14-jährige trägt zudem regelmäßig Zeitungen aus und bekommt hierfür monatlich 29,46 €. Handelt es sich hierbei um nach dem SGB II anrechenbares Einkommen?

Lösung: Nein, nach § 1 I Nr. 9 und 12 der ALG II-Verordnung bleiben diese Beträge unberücksichtigt, vgl. § 11a V SGB II.

Siehe zur Behandlung von weiteren einmaligen finanziellen Zuflüssen bei **Vermögen**.

- **Vermögen, § 12 SGB II**

Auch wer über hinreichend Vermögen verfügt, ist nicht hilfebedürftig im Sinne des § 9 SGB II. Was zum berücksichtigenden Vermögen zählt, ist in § 12 SGB II geregelt. Vermögen ist begrifflich und in Abgrenzung zum Einkommen das, was der Leistungsberechtigte im Bedarfszeitraum bereits hat. Hierzu zählen: Sachen (z.B. Ge- u. Verbrauchsgüter), Sachgesamtheiten (z.B. Briefmarkensammlung) und Rechte (z.B. Eigentum u. Forderung-

---

[18] Vom 17.12.2007, BGBl. I, S. 2942, zuletzt geändert am 19.12..2011, BGBl. I, S. 2833.

en, z.B. Sparbuch). Auch hier sind Absetzungen vom Vermögen ("Freibeträge") möglich, § 12 II SGB II. So ist nach § 12 II Nr. 1 SGB II der Grundfreibetrag abzusetzen, der zunächst nicht verbraucht werden muss. Die Höhe richtet sich nach dem Alter, beträgt aber mindestens 3100 € und höchstens 10.050 € (siehe aber § 12 I 2 SGB II und auch die Übergangsregelung nach § 65 V SGB II für ältere Leistungsberechtigte). Einen Grundfreibetrag gibt es auch für Kinder, § 12 II Nr. 1a SGB II. Auch vor der Verwertung geschützt sind die Bemühungen des Leistungsberechtigten um eine Altervorsorge, daher sind entsprechende Vermögenswerte gemäß § 12 II Nr. 2 und 3 SGB II nicht zu berücksichtigen. In welchem Umfang hier der Schutz zu gewährleisten ist, war Gegenstand zahlreicher Entscheidungen des BSG.

Literatur

📖 *Siehe die Entscheidungen des BSG vom 15.4.2008, Az. B 14/7b AS 53/06 R; B 14/7b AS 56/06 R; B 14/7b 52/06 R*

Nach § 12 II Nr. 4 SGB II bleibt ein weiterer Betrag in Höhe von 750 € unberücksichtigt, der notwendigen Anschaffungen dienen soll. Dies ist folgerichtig. Da nämlich nach der Reform zum 1.1.2005 die sog. Einmalleistungen nahezu alle entfallen sind, muss der Leistungsberechtigte nunmehr von seinem Regelsatz Rücklagen bilden, um beispielsweise Haushaltsgeräte wie Kühlschrank oder Waschmaschine, oder teure Bekleidung wie Wintermantel oder Winterstiefel bezahlen zu können. Ein Rückgriff hierauf wäre also nicht systemgerecht.

Hinzu kommen Vermögensgegenstände die qua Gesetz nicht zu berücksichtigen sind, § 12 III SGB II. Hierzu zählt der angemessene Hausrat (Nr. 1), ein angemessenes KFZ für jeden in der Bedarfsgemeinschaft lebenden erwerbsfähigen Hilfebedürftigen (Nr. 2), für die Altersvorsorge bestimmte Vermögensgegenstände (Nr. 3), ein selbst genutztes und angemessenes Hausgrundstück oder eine entsprechende Eigentumswohnung (Nr. 4), Vermögen zur Anschaffung oder Erhaltung eines Hausgrundstückes zu bestimmten Zwecken (Nr. 5) und Sachen und Rechte, deren Verwertung unwirtschaftlich wäre oder eine besondere Härte darstellen würde (Nr. 6).

Beispiel 6: O will Leistungen nach dem SGB II beantragen. Er fragt sich, ob er seinen 4.500 € teuren Mittelklassewagen erst verkaufen muss, um hilfebedürftig zu werden.

Lösung: Nein, muss er gemäß § 12 III Nr. 2 SGB II nicht, denn als angemessenes KFZ wird in der Regel eines mit einem Verkaufswert von bis zu 5000 € angesehen. Selbst wenn Ns Ehefrau auch Leistungen nach dem SGB II erhielte und ein ebensolches KFZ hätte, müsste keiner von beiden das KFZ verkaufen.

Beispiel 7: P will Leistungen nach dem SGB II beantragen. Er bewohnt mit seiner Frau und seinen zwei Kindern ein Haus mit 130qm Wohnfläche und einer Grundstücksgröße von 500 qm. Er hat Sorge, dass er das Haus verkaufen muss.

Lösung: Diese Sorge ist unbegründet. Nach § 12 III Nr. 4 SGB II bleibt für eine vierköpfige Familie ein Haus mit einer Wohnfläche von bis zu 130 qm und im städtischen Bereich mit einer Grundstücksgröße von 500 qm, im ländlichen Bereich sogar bis 800 qm unberücksichtigt. Für Eigentumswohnungen gilt das Gleiche. Die Angemessenheit der Wohnfläche ist insbesondere abhängig von der Anzahl der im Haushalt lebenden Personen.

Literatur

📖 *Siehe hierzu auch die Entscheidung des SG Aurich vom 11.1.2012, Az. S 15 AS 63/10*, welches auch größere Grundstücks- und Hausgrößen als angemessen anerkannt hat

Beispiel 8: Q hat von ihrer Urgroßmutter einen sehr teuren Diamantring geerbt, den diese schon von ihrer Urgroßmutter geerbt hat. Q muss nun Leistungen nach dem SGB II beantragen und hat Sorge, dass sie diesen Ring zunächst verkaufen muss.

Lösung: Diese Sorge ist unbegründet. Da es für Q eine offensichtliche Härte bedeuten würde, den Ring – ein seit Generationen in der Familie befindliches Erbstück – zu verkaufen, bleibt dieser bei der Vermögensanrechnung unberücksichtigt.

Literatur

📖 *Siehe hierzu auch die Entscheidung des BSG vom 23.5.2012, Az. B 14 AS 100/11* zur Verwertung einer Münzsammlung; im vorliegenden Fall ging das BSG davon aus, dass eine Verwertung weder unwirtschaftlich noch eine besondere Härte bedeuten würde.

Auch die Verwertung von privaten Lebensversicherungen kann für Personen die langjährig selbständig tätig waren und dann von

Leistungen nach dem SGB II abhängig wurden, eine besondere Härte nach § 12 III Nr. 6 SGB II darstellen. Dies ist beispielsweise der Fall, wenn die Verwertung der Lebensversicherung eine Versorgungslücke schafft, die aufgrund von Behinderung oder Alter nicht mehr bis zum Renteneintrittsalter geschlossen werden kann.

Literatur

📖 *Siehe die Entscheidung des BSG vom 7.5.2009, Az. B 14 AS 35/08 R.*

Die Behandlung von einmaligen finanziellen Zuflüssen ist immer wieder Gegenstand der Rechtsprechung des BSG. Hier ist insbesondere die Abgrenzung von Einkommen und Vermögen klärungsbedürftig. Nach der Rechtsprechung des BSG ist eine einmalige Einnahme, die nach der Antragstellung dem Leistungsberechtigtem zufließt grundsätzlich bis zu ihrem Verbrauch als Einkommen bei der Berechnung der SGB II-Leistungen zu berücksichtigen. Beispielsweise wird eine Steuererstattung damit nicht zum Teil des oben genannten Schonvermögens, sondern als Einkommen angerechnet. Zu beachten ist in diesem Zusammenhang die Regelung des § 37 II 2 SGB II, wonach der Antrag auf Leistungen zur Sicherung des Lebensunterhaltes auf den ersten des Monats zurückwirkt.

Literatur

📖 *Siehe die Entscheidung des BSG vom 30.9.2009, Az. B 4 AS 29/07 R.*

• Hilfe durch Dritte, § 9 I letzter HS SGB II

Kann der Leistungsbegehrende Hilfe durch Dritte erlangen, ist er ebenso wenig hilfebedürftig. Hilfe durch Dritte bezieht sich zum einen insbesondere auf andere Sozialleistungsträger, die möglicherweise vorrangig zur Leistung verpflichtet sind, und zum anderen auf Angehörige, gegen die der Leistungsbegehrende beispielsweise Unterhaltsansprüche geltend machen kann.

dd. Gewöhnlicher Aufenthalt in der Bundesrepublik

Den gewöhnlichen Aufenthalt hat jemand dort, wo er sich unter Umständen aufhält, die erkennen lassen, dass er an diesem Ort oder diesem Gebiet nicht nur vorübergehend verweilt, § 30 III 2 SGB I.

Literatur

📖 Siehe hinsichtlich der Frage, ob ein in Deutschland lebender Franzose Anspruch auf Leistungen nach dem SGB II hat: *BSG, Entscheidung vom 19.10.2010, Az. B 14 AS 23/10 R.*

b. Berechtigte nach § 7 II SGB II

Neben den erwerbsfähigen Hilfebedürftigen sind auch die Mitglieder der sog. *Bedarfsgemeinschaft* leistungsberechtigt. Wer zur Bedarfsgemeinschaft gehört, ist in § 7 III SGB II geregelt. Hierzu zählen insbesondere die Kinder und die Ehegatten, Lebenspartner nach dem Lebenspartnerschaftsgesetz und die nichtehelichen Lebenspartner. Für die Bestimmung, ob es sich um eine eheähnliche Gemeinschaft handelt, hält § 7 IIIa SGB II besondere Kriterien zur Ermittlung dieses Umstandes bereit. Hiermit ist eine Beweislastumkehr gesetzt worden, wonach nunmehr die Leistungsbegehrenden belegen müssen, dass es sich nicht um eine eheähnliche Gemeinschaft handelt. Diese „Beweislastumkehr" wird von den Gerichten und der Literatur sehr kritisch gesehen.

Literatur

📖 *LSG Celle-Bremen, Entscheidung vom 3.8.2006, Az. L 9 AS 349/06 R,* mit Anmerkung von Uwe Berlit in jurisPR-SozR 18/2006

Bei Personen, die in einer Bedarfsgemeinschaft leben, ist auch das jeweilige Einkommen und Vermögen zu berücksichtigen, § 9 II SGB II. Die Konstruktion der Bedarfsgemeinschaft ist in Hinblick auf Anspruchsberechtigung und -beantragung und individuellen Leistungsanspruch durchaus umstritten. Insbesondere da das SGB II grundsätzlich von einem individuellen Anspruch des einzelnen Leistungsberechtigten ausgeht, vgl. § 7 II SGB II, aber die Berechnung der Leistungen unter Berücksichtigung der gesamten Bedarfsgemeinschaft erfolgt. Dies kann zur Folge haben, dass einzelne Mitglieder, obwohl sie für ihren eigenen

74

Unterhalt aufkommen können, aufgrund der gemeinsamen Berechnung, leistungsabhängig nach dem SGB II werden.

Literatur

📖 Wolfgang Spellbrink, Die Bedarfsgemeinschaft gemäß § 7 SGB II eine Fehlkonstruktion?, NZS 2007, 121.
📖 Corinna Grühn, Verfahrensrecht, Bedarfsgemeinschaft und Individualanspruch nach dem SGB II, SGb. 2008, 513.

Bei einer Haushaltsgemeinschaft mit Verwandten oder Verschwägerten, wird eine Unterstützung vermutet, wenn das Einkommen oder Vermögen dies erwarten lässt, § 9 V SGB II.

Beispiel 9: R lebt bei seiner Tante, die ein großes Haus hat in einer Einliegerwohnung mietfrei. R muss nun Leistungen nach dem SGB II beantragen, da sein Arbeitslosengeld nach SGB III ausläuft und er keine neue Beschäftigung gefunden hat. Der Sozialleistungsträger bewilligt die Leistungen grundsätzlich, versagt jedoch zu Recht die Kosten der Unterkunft nach § 22 SGB II, da R kostenfrei bei seiner Tante wohnt.

c. Leistungsausschluss und weitere Berechtigte nach § 7 IV-VI SGB II

Von den Leistungen ausgeschlossen sind die in § 7 IV, IVa SGB II genannten. Besondere Regelungen enthält § 7 V und VI SGB II für Auszubildende. Danach haben Auszubildende, deren Ausbildung z.B. im Rahmen des BaföG grundsätzlich förderungsfähig ist, keinen Anspruch auf Leistungen nach dem SGB II. Jedoch können in besonderen Härtefällen Leistungen zur Sicherung des Lebensunterhaltes als Darlehen geleistet werden, § 27 IV SGB II.

Beispiel 9a: A ist 41 Jahre alt und studiert im 10. Semester Soziale Arbeit. A hat bislang ihr Studium selbst finanziert – nun ist sie aber plötzlich unverschuldet arbeitslos geworden. Vermögen oder Einkommen hat sie keines. Sie beantragt daher um ihr Studium abschließen zu können, Leistungen nach dem SGB II bei der zuständigen Behörde. Diese lehnt den Antrag mit der Begründung ab, dass sie gemäß § 7 V SGB II nicht leistungsberechtigt sei, da sie sich in einer dem Grunde nach nach dem BaföG förderungswürdigen Ausbildung befände. A fehlen zum Abschluss des Studiums nur noch die Bachelor-Thesis und das Kolloquium. Diese Leistungen könnte sie binnen 5 Monaten erbringen und so ihr Studium abschließen. Dies bestätigt auch die die BA-Thesis betreuende Professorin. Ohne Abschluss kann sie selbstverständlich kein Anerkennungsjahr ableisten und eine Anstellung im Bereich der Sozialen

Arbeit ohne Abschluss des Studiums ist undenkbar. A war bislang im ihrem Studium sehr erfolgreich und hat ausschließlich Noten von 1,0 bis 1,7 erbracht. Hat Sie einen Anspruch auf Leistungen nach dem SGB II?

Lösung: A könnte einen Anspruch auf Leistungen nach §§ 19 ff. SGB II gegen die zuständige Behörde haben. Hierzu müsste sie zunächst zum **leistungsberechtigten Personenkreis nach § 7 SGB II** gehören. A ist 41 Jahre alt und zählt damit **altersmäßig** zum berechtigten Personenkreis. Dem Sachverhalt ist zu entnehmen, dass sie bis vor kurzem erwerbstätig war, damit ist nach § 8 SGB II auch die **Erwerbsfähigkeit** gegeben. Sie müsste zudem **hilfebedürftig** sein. Sie ist arbeitslos geworden, hat damit **kein Einkommen**, auch **Vermögen** liegt laut Sachverhalt nicht vor, §§ 11, 12 SGB II. Nach dem Sachverhalt gibt es offensichtlich auch keine anderen, vorrangig zum Unterhalt verpflichteten **Dritten**. Ein **Leistungsausschluss** könnte sich aber aus § 7 V 1 SGB II ergeben, da A Studentin ist und sich damit in einer grds. nach dem BaföG förderungsfähigen Ausbildung befindet. Nach § 27 IV SGB II können jedoch Leistungen darlehensweise gewährt werden, wenn ein **besonderer Härtefall** vorliegt. Ein solcher Härtefall ist gegeben, wenn außergewöhnliche, schwerwiegende atypische und möglichst nicht selbst verschuldete Umstände vorliegen, die einen zügigen Ausbildungsverlauf verhindern oder eine sonstige Notlage hervorrufen. Daneben ist ein besonderer Härtefall auch dann anzunehmen, wenn der wesentliche Teil der Ausbildung absolviert ist und der bevorstehende Abschluss lediglich an Mittellosigkeit zu scheitern droht. Insofern ist eine Interessenabwägung vorzunehmen, bei der zu berücksichtigen ist, welche Folgekosten der Abbruch der Ausbildung hätte. Der wesentliche Teil von As Ausbildung ist abgeschlossen. Auch ist sie in der Lage das Studium erfolgreich abzuschließen, dies belegen ihre bislang sehr guten bis guten Leistungen im Studium. Auch kann der Abschluss in absehbarer Zeit erlangt werden. Der Abschluss droht allein an ihrer Mittellosigkeit zu scheitern. Die Folgekosten bei einem Abbruch wären zudem wesentlich höher, da A ohne Abschluss im Zweifel wesentlich größere Schwierigkeiten hätte eine Erwerbstätigkeit aufzunehmen. Ein besonderer Härtefall ist damit gegeben. A hat Anspruch auf darlehensweise Gewährung der Leistungen nach dem SGB II.

Literatur

📕 siehe zur alten Rechtslage, aber in der Argumentation immer noch einschlägig: *SG Bremen, Entscheidung vom 20.4.2009, Az. S 23 AS 599/09 ER, SG Bremen, Entscheidung vom 2.10.2009, Az. S 23 AS 1785/09 ER.*

📕 Zu SGB II-Leistungen während eines Urlaubssemesters: *BSG, Entscheidung vom 22.3.2012, Az. B 4 AS 102/11 R*, Anm. Corinna Grühn, SGb. 2013, 112

2. Leistungen

Im SGB II kann man zwei Leistungsbereiche ausmachen: zum einen die Leistungen zur Eingliederung in Arbeit, §§ 14 ff. SGB II und zum anderen die Leistungen zur Sicherung des Lebensunterhalts, §§ 19 ff. SGB II.

Die Leistungsarten, d.h. die Formen der Leistungen finden sich in § 4 SGB II, wonach die Leistung in Form von Dienst-, Geld- und Sachleistung erbracht werden können.

a. Leistungen zur Eingliederung in Arbeit

Wie oben bereits angedeutet, ist ganz wesentliches Ziel des SGB II, die erwerbsfähigen Leistungsberechtigten wieder oder auch erstmalig in Arbeit zu vermitteln und sie damit weniger oder komplett unabhängig von Hilfeleistungen nach dem SGB II zu machen. Dieses Ziel wird auch in § 14 SGB II - Grundsatz des Förderns - noch einmal explizit betont. Zur Erreichung dieses Ziels bedient sich der Gesetzgeber unterschiedlicher Mittel.

aa. Der persönliche Ansprechpartner

Der persönliche Ansprechpartner ist keine Sozialleistung im eigentlichen Sinne, dennoch eine hier zu nennende Besonderheit. Der Begriff des pAp findet sich in § 14 SGB II, wonach die Agentur für Arbeit für jeden erwerbsfähigen Leistungsberechtigten und die mit ihm in Bedarfsgemeinschaft Lebenden einen pAp benennen soll. Dieser pAp ist der zuständige Sachbearbeiter, soll jedoch mehr sein als dies und den erwerbsfähigen Leistungsberechtigten durch das System begleiten. Es soll für den erwerbsfähigen Leistungsberechtigten einen Ansprechpartner geben, der für alle Fragen zuständig ist und auch den erwerbsfähigen Leistungsberechtigten so gut kennt, dass hier schnelle und passgenaue Hilfen möglich sind. Das Prinzip des „one-face-to-the-customer", also ein verlässlicher und bekannter Ansprechpartner für die Leistungsberechtigten soll hiermit verankert werden. Anspruch auf einen bestimmten persönlichen Ansprechpartner hat der Leistungsberechtigte jedoch nicht.

Literatur

📖 *Siehe die Entscheidung des BSG vom 22.9.2009, Az. B 4 AS 13/09 R.*

bb. Die Eingliederungsvereinbarung

Der Eingliederung in Arbeit dienen soll die nach § 15 SGB II zu schließende Eingliederungsvereinbarung. Hiernach vereinbaren erwerbsfähiger Leistungsberechtigter und Agentur für Arbeit, im Einvernehmen mit dem kommunalen Träger, die für seine Eingliederung erforderlichen Leistungen. § 15 I 2 SGB II bietet eine Aufzählung der Inhalte der Eingliederungsvereinbarung im Einzelnen. Hierunter sind insbesondere die Leistungen, aber auch die Eigenbemühungen des erwerbsfähigen Leistungsberechtigten zu nennen. Die Eingliederungsvereinbarung soll für 6 Monate geschlossen werden, eine jeweils neue soll sich anschließen. Verweigert sich der erwerbsfähige Leistungsberechtigte und schließt keine Eingliederungsvereinbarung ab, soll ein Verwaltungsakt mit entsprechendem Inhalt erlassen werden. Durch diese Konsequenz wird der „Vertragscharakter" der Eingliederungsvereinbarung in einem wesentlichen Teil konterkariert. Gegen den so erlassenen VA ist allerdings die Anfechtungsklage zulässig.

Der Nicht-Abschluss der Eingliederungsvereinbarung bzw. die Nicht-Erfüllung der festgelegten Pflichten hat für den erwerbsfähigen Hilfebedürftigen weitreichende Folgen: diese „Pflichtverletzungen" sind sanktionsbewährt nach § 31 I 1 Nr. 1 SGB II, d.h. sie führen zu einer Absenkung des Arbeitslosengeldes II. Andererseits hat jedoch der Leistungsberechtigte keinen Anspruch auf Abschluss einer Eingliederungsvereinbarung. Die zuständige Behörde kann diese auch durch einen Verwaltungsakt ersetzen.

Literatur

📖 *Siehe die Entscheidung des BSG vom 22.9.2009, Az. B 4 AS 13/09 R.*

cc. Das Sofortangebot

Das Sofortangebot nach § 15a SGB II eröffnet für Personen, die noch nicht im Leistungsbezug nach SGB II (oder SGB III) stehen, diese aber beantragt haben, die Möglichkeit sofort, also unverzüglich ein Angebot zur Eingliederung zu erhalten. Diese Norm stellt ein Handlungsgebot für den Leistungsträger dar, aber keine Anspruchsgrundlage für den Leistungsberechtigten.

dd. Leistungen zur Eingliederung

§§ 16 ff. SGB II weisen eine Fülle von Leistungen zur Eingliederung in Arbeit auf: In § 16 SGB II wird für die Leistungsberechtigten nach SGB II ein Teil des Leistungskataloges des SGB III eröffnet, so dass diese die Leistungen nach SGB III in Anspruch nehmen können. Entgeltersatzleistungen, insbesondere das Arbeitslosengeld nach § 136 SGB III, fallen nicht hierunter (siehe die Voraussetzungen für das ALG I oben).

Beispiel 10: S lebt von Leistungen nach dem SGB II. Er bemüht sich um eine Arbeitsstelle und hat nun nach zahlreichen Bewerbungen ein Bewerbungsgespräch in dem 500 km entfernten Ort F. Er fragt sich, ob er die Reisekosten aus dem Vermittlungsbudget des § 45 SGB III erstattet bekommen kann, obwohl er Leistungen nach SGB II erhält.

Lösung: S könnte über § 16 I 2 Nr. 2 SGB II iVm § 44 SGB III einen Anspruch auf Erstattung der Reisekosten, z.b. wenn er mit einem 2.-Klasse-Bahnticket zum Vorstellungsgespräch fährt aus dem Vermittlungsbudget haben. Dies kann er bei seinem persönlichen Ansprechpartner beantragen, bzw. wird ihn dieser darauf aufmerksam machen.

ee. Kommunale Eingliederungsleistungen

Nach 16a SGB II kann es zu einer ganzheitlichen und umfassenden Betreuung und Unterstützung bei der Eingliederung in Arbeit weiterer Leistungen bedürfen. Schaut man sich diese Leistungen an, stellt man fest, dass es sich um die Eingliederung in Arbeit flankierende Maßnahmen handelt, die zum Teil auch die Eingliederung in Arbeit erst ermöglichen. Dies gilt für die Betreuung von Kindern (§ 16a Nr. 1 SGB II), genauso aber auch für die Sucht- und Schuldnerberatung (§ 16a Nr. 4 und 2 SGB II). Es ist nicht selten, dass Erwerbslosigkeit und die durch § 16a SGB II angesprochenen Problemlagen, wie Sucht, Krankheit oder Verschuldung zusammentreffen.

ff. Einstiegsgeld und Leistungen zur Eingliederung von Selbständigen

In § 16b SGB II findet sich das sog. Einstiegsgeld. Dieses wird erbracht, wenn der hilfebedürftige Erwerbstätige eine sozialversicherungspflichtige Tätigkeit aufnimmt oder den Schritt in die Selbstständigkeit wagt. § 16c SGB II stellt weitere Leistungen für

Berechtigte zur Verfügung, die sich selbständig machen
Dies ist ansatzweise mit dem Gründungszuschuss nach §
SGB III vergleichbar.

gg. Arbeitsgelegenheiten

§ 16d SGB II regelt die sog. Arbeitsgelegenheiten, die gemeinhin unter dem Begriff 1-€-Jobs firmieren. Regional tauchen diese aber auch unter anderen Namen auf, in Bremen beispielsweise werden diese als In-Jobs bezeichnet. Hiernach sollen, wenn für die erwerbsfähigen Leistungsberechtigten keine Arbeit gefunden wird, Arbeitsgelegenheiten geschaffen werden, die im öffentlichen Interesse liegen und zusätzlich sind, d.h. diese Arbeitsgelegenheiten dürfen nicht in erster Linie erwerbswirtschaftlichen Interessen dienen und keine regulären Arbeitsplätze ersetzen. Zu finden sind diese Arbeitsgelegenheiten daher insbesondere in Bereichen wie pädagogische Assistenz in Kinder- und Jugendeinrichtungen, in Kindergarten- und Schulkantinen, im ökologischen und kulturellen Bereich, beispielsweise in Museen. Die Tätigkeit wird mit einer sog. *Mehraufwandsentschädigung* vergütet, die durchaus abhängig von der Tätigkeit und des Mehraufwandes ist (z.B. Reinigungskosten für Bekleidung, Fahrtkosten etc.).

hh. Leistungen zur Beschäftigungsförderung und weitere Förderinstrumente

In den §§ 16e ff. SGB II finden sich weitere Instrumente zur Beschäftigungsförderung. Besonders zu nennen ist hier § 16e SGB II, der den Beschäftigungszuschuss für Arbeitgeber vorsieht, die erwerbsfähige Leistungsberechtigte mit Vermittlungshemmnissen einstellen. Bedeutsam ist zudem § 16f SGB II, der dem Leistungsträger die freie Förderung ermöglicht.

b. Leistungen zur Sicherung des Lebensunterhalts

Neben den Leistungen zur Eingliederung in Arbeit stehen die Leistungen zur Sicherung des Lebensunterhalts nach §§ 19 ff. SGB II. Diese Leistungen sollen den Bedarf der erwerbsfähigen Leistungsberechtigten und der mit ihnen in Bedarfsgemeinschaft Lebenden decken.

aa. Regelleistung nach §§ 19, 20 SGB II

Nach § 19 SGB II erhalten erwerbsfähige Leistungsberechtigte als Arbeitslosengeld II Leistungen zur Sicherung des Lebensunterhalts, einschließlich der angemessenen Bedarfe für Unterkunft und Heizung.

Die Regelleistung ist in § 20 SGB II näher bestimmt. Zum einem wird in Absatz 1 bestimmt, was alles vom Regelsatz umfasst ist, zum anderen wird in den Absätzen 2 ff. die Regelleistung betragsmäßig nach Alter und Familienstand differenziert. Der Regelsatz für Alleinstehende bzw. Alleinerziehende ist in § 20 II SGB II bestimmt, und beträgt ab dem 01.01.2013 382 €.[19] Die Fortschreibung der Regelsätze richtet sich nach dem § 20 V SGB II iVm § 28a SGB XII.

Beispiel 11: U und V sind beide 27 Jahre alt und verheiratet und müssen nun beide Leistungen nach dem SGB II beantragen. Sie fragen sich, wie hoch ihre Regelleistung nach § 20 SGB II ist.

Lösung: Gemäß § 20 IV SGB II haben beide einen Anspruch auf jeweils 335 € (seit dem 01.01.2013).

Zur Notwendigkeit der Änderung der Regelsätze zum 1.1.2011 vgl. Kap. 1 I Nr. 2.

Literatur

📖 Siehe die Entscheidung des BVerfG vom 9.2.2010, Az. 1 BvL 1/09

bb. Mehrbedarfe nach § 21 SGB II

§ 21 SGB II sieht Mehrbedarfe für bestimmte Lebensumstände und Lebenssituationen vor. So werden werdende Mütter ab der 12. Schwangerschaftswoche mit zusätzlichen monetären Leistungen unterstützt, § 21 II SGB II, gleiches gilt für Alleinerziehende nach § 21 III SGB II, erwerbsfähige behinderte Hilfebedürftige, § 21 IV SGB II und Personen, die aus medizinischen Gründen einer kostenaufwendigen Ernährung bedürfen, § 21 V SGB II. Zudem besteht nach § 21 VI SGB II die Möglichkeit der

---

[19] Bis zum 31.12.2011 lag der Regelsatz bei 364 Euro. Eine jährliche Anpassung des Regelsatzes ist vorgesehen.

Anerkennung eines Mehrbedarfs, soweit im Einzelfall ein unabweisbarer, laufender nicht nur einmaliger Bedarf besteht. Zudem ist in § 21 VII SGB II ein Mehrbedarf für Warmwassererzeugung vorgesehen.

Beispiel 12: Die W ist behindert im Sinne des § 2 SGB IX und erhält Leistungen zur Teilhabe am Arbeitsleben nach § 33 III Nr. 2 SGB IX. Sie fragt sich, ob sie neben der Regelleistung nach § 20 II SGB II wohl noch einen Mehrbedarf erhalten kann.

Lösung: Nach § 21 IV SGB II kann sie einen Mehrbedarf in Höhe von 35 % des Regelsatzes, in ihrem Fall von 382 €, beantragen, d.h. 133,70 € stehen ihr zusätzlich zu.

Literatur

📖 Siehe zum Bedarf nach § 21 VI SGB II: Klaus Lauterbach, Die „Härtefallregelung" im neuen § 21 Abs. 6 SGB II, ZFSH/SGB 2010, 403 ff.

cc. Kosten der Unterkunft nach § 22 SGB II

Zur Regelleistung hinzu kommen auch die Kosten der Unterkunft nach § 22 SGB II hinzu. Die Kosten für die Unterkunft werden soweit übernommen, wie sie angemessen sind, § 22 I SGB II. Die Bemessung der Angemessenheit ist regional unterschiedlich, sie bezieht sich u.a. zum Teil auf die Wohnungsgröße, die Anzahl der Personen und die Höhe der Miete.

Beispiel 13: Z hat eine Tochter und ist alleinerziehend. Sie bewohnt in Berlin eine 2-Zimmer-Wohnung mit 59 qm und zahlt 371 € Kaltmiete. Sie muss nun Leistungen nach dem SGB II beantragen und befürchtet, dass sie umziehen muss, weil die Wohnung zu Quadratmeter hat. Zu Recht?

Lösung: In Berlin wird laut der Verordnung zur Bestimmung der Höhe der angemessenen Aufwendungen für Unterkunft und Heizung nach dem Zweiten und Zwölften Buch Sozialgesetzbuch[20] stehen einem 2 Personenhaushalt bis zu 60 qm zu und eine Kaltmiete von bis zu 381 €. Alleinerziehung, längere Wohndauer, Wege zu Ausbildungsstätten können aber zu einer Erhöhung dieser Beträge führen.

---

[20] (Wohnungsaufwendungenverordnung – WAV vom 3.4.2012, GVBL. S. 99)

Literatur

📖 Siehe zu den Neuregelungen bei den Bedarfen für Unterkunft und Heizung: Friedrich Putz, Ist die neue Satzungsermächtigung in § 22a SGB II verfassungswidrig, SozSich 2011, 232 ff.

§ 22 SGB II weist eine Reihe von differenzierten Regelungen hinsichtlich der Übernahme von Kosten, die mit dem Wohnen zu tun haben, auf. So soll der erwerbsfähige Hilfebedürftige vor dem Umzug in eine neue Wohnung eine Zusicherung der Übernahme der Kosten beim zuständigen Träger einholen, § 22 IV SGB II. Personen unter 25 Jahren unterliegen besonderen Beschränkungen, was den Bezug einer eigenen Wohnung angeht, § 22 V SGB II.

Beispiel 14: Die 20-jährige A lebt im elterlichen Haushalt. Immer wieder kommt es zu handgreiflichen Auseinandersetzungen mit ihrem Vater, der sie schlägt. A möchte den elterlichen Haushalt verlassen und in eine eigene Wohnung ziehen, ist jedoch erwerbslos und lebt von Leistungen nach dem SGB II. Kann sie dennoch auf Unterstützung durch den Träger der Leistungen nach dem SGB II hoffen?

Lösung: Grundsätzlich ist es für unter 25-jährige, die Leistungen nach dem SGB II beziehen, schwierig eine eigene Wohnung zu beziehen. Sie benötigen hierfür die Zusicherung der Übernahme der Kosten durch den kommunalen Träger. Diese Zusicherung ist zu erteilen, wenn einer der in § 22 V 2 Nr.1-3 SGB II genannten Gründe vorliegt. Vorliegend kann A aus schwerwiegenden sozialen Gründen nicht auf den elterlichen Haushalt verwiesen werden, denn Gewalt in der Familie schließt eine derartige Verweisung aus.

Über die Kosten der Miete und Heizung hinaus können auch Wohnungsbeschaffungs- und Umzugskosten und Mietkautionen übernommen werden, § 22 VI SGB II. Gleiches gilt für die Übernahme von Schulden, § 22 VIII SGB II. Dies geschieht in der Regel in Form von Darlehen.

dd. Besonderheiten beim Sozialgeld nach § 23 SGB II

Für die in der Bedarfsgemeinschaft lebenden nicht erwerbsfähigen Angehörigen des erwerbsfähigen Hilfebedürftigen wird das sog. Sozialgeld nach §§ 19 I 1, 23, 77 IV SGB II geleistet. Dies gilt insbesondere für Kinder vor Vollendung des 15. Lebensjahres, § 23 I Nr. 1 SGB II. Für Kinder bis zur Vollendung des 6. Lebensjahres werden 224 € gezahlt, vom Beginn des 7.

Lebensjahres bis zur Vollendung des 14. Lebensjahres werden 255 € gezahlt, ab dem 15. Lebensjahr 289 €.

ee. Abweichende Erbringung von Leistungen nach § 24 SGB II

Im Regelsatz nach § 20 SGB II sind auch Leistungen wie Hausrat und Bekleidung enthalten. Bis zum 1.1.2005 konnten hierfür sog. *Einmalleistungen* beantragt werden. Da vielfach der Bedarf nicht wirklich über die Regelleistung gedeckt werden kann, können Leistungen nach § 24 SGB II abweichend erbracht werden. Nach Absatz 1 kann insbesondere für derartige Leistungen ein Darlehen erbracht werden. Nach § 24 III SGB II werden bestimmte Leistungen nicht von der Regelleistung erfasst und können separat beantragt werden. Dies gilt für die Erstausstattung für die Wohnung, Erstausstattung bei Schwangerschaft und Geburt und Anschaffung und Reparaturen von orthopädischen Schuhen, Reparaturen von therapeutischen Geräten und Ausrüstungen sowie Miete von therapeutischen Geräten.

ff. Leistungen nach §§ 25, 26 SGB II

§ 25 SGB II sieht Leistungen bei medizinischer Rehabilitation der Rentenversicherung und bei Anspruch auf Verletztengeld nach der Unfallversicherung vor. Nach § 26 SGB II werden Zuschüsse zur Sozialversicherung geleistet.

gg. Leistungen für Auszubildende nach § 27 SGB II

§ 27 SGB II sieht Leistungen nach dem SGB II auch für Auszubildende vor, obwohl diese grundsätzlich vom Leistungsbezug nach dem SGB II (vgl. § 7 V SGB II) ausgeschlossen sind. Daher gibt § 27 I 2 SGB II auch vor, dass es sich bei den Leistungen nicht um Arbeitslosengeld II handelt. Die Leistungen sind durchaus vielfältig, sie enthalten die Mehrbedarfe (Abs. 2), Bedarfe für Unterkunft und Heizung (Abs. 3) und insbesondere eine Härtefallregelung (Abs. 4).

hh. Bedarfe für Bildung und Teilhabe §§ 28, 29 SGB II

In den §§ 28, 29 SGB II sind die Leistungen des Bildungspaketes geregelt. Hierin sind Leistungen für Kinder und Jugendliche unter 25 Jahren festgelegt. Hierzu zählen die Übernahmen der tatsächlichen Aufwendungen für Schulausflüge und Klassenfahrten für Schul- und Kindergartenkinder (§ 28 II SGB II), das Schulpaket in Höhe von 100 € jährlich (§ 28 III SGB II), Kosten der Schülerbeförderung (§ 28 IV SGB II), Kosten der Lernförderung (§ 28 V SGB II), Kosten der gemeinschaftlichen Mittagsverpflegung in Schulen und Tageseinrichtungen, Leistungen zur Teilhabe am sozialen und kulturellen Leben in der Gemeinschaft in Höhe von 10 € monatlich. Vielfach sind diese Leistungen jedoch nicht dazu geeignet, den kompletten Bedarf zu decken.

Beispiel 15: S bezieht Leistungen nach dem SGB II. Sie hat zwei schulpflichtige Kinder und ein Kind, das in den Kindergarten geht. Sie hat vom Bildungspaket gehört und möchte hieraus Leistungen in Anspruch nehmen. Zum einen möchte sie Leistungen für Schulmaterial (Hefte, Stifte, Bücher etc.) in Anspruch nehmen. Zudem möchte ihre 10-jährige Tochter R gerne in den Fußballverein eintreten. Ihr siebenjähriger Sohn J geht in eine Ganztagsschule in der auch Mittagessen angeboten wird. Ihre vierjährige Tochter L möchte den Kindergartenausflug in den Streichelzoo mitmachen. Hat S Ansprüche?

Lösung: S hat Ansprüche nach § 28 SGB II. Hier kommt das Schulpaket für R und J in Betracht (Abs. 3), zudem könnte ein Anspruch auf 10 € monatlich für den Fußballverein nach Abs. 7 Nr. 1 bestehen, auch ein Zuschuss für die Mittagsverpflegung nach Abs. 6 Nr. 1 könnte bestehen. Die Kosten für den Kindergartenausflug werden ebenfalls gemäß Abs. 2 Satz 1 Nr. 1, Satz 2 übernommen.

Die Erbringung der Leistungen zur Bildung und Teilhabe ist in § 29 SGB II geregelt.

Literatur

📖 Anne Lenze, Bildung und Teilhabe zwischen Jobcenter und Jugendamt, ZKJ 2011, 17 ff.

Exkurs: Der Kinderzuschlag nach § 6a BKGG und Leistungen zur Bildung und Teilhabe nach § 6b BKGG

Der Kinderzuschlag ist eine Ergänzungsleistung zum Kindergeld, die für unter 25 Jahre alte, unverheiratete Kinder in Familien mit nicht ausreichendem Familieneinkommen für längstens 36 Monate gezahlt wird. Dieser Zuschlag kann von Eltern beantragt werden, die zwar über ausreichend Einkommen verfügen, um ihren eigenen Lebensunterhalt damit zu decken, aber nicht den ihrer unter 25 Jahre alten, unverheirateten Kinder. Arbeitslosengeld II, Sozialgeld oder Sozialhilfe schließen die Leistung des Kinderzuschlags aus. Der Kinderzuschlag bemisst sich nach dem Einkommen und Vermögen der Eltern und der Kinder; er beträgt höchstens 140 Euro/Monat pro unter 25 Jahre altem, unverheiratetem Kind. Nach § 6b BKGG erhalten auch Kinder und Jugendliche bzw. deren Eltern, die den Kinderzuschlag erhalten bzw. Leistungen nach dem WoGG, Leistungen zur Bildung und Teilhabe, die denen des SGB II entsprechen.

86

Leistungen des SGB II - Übersicht

Leistungen zur Beendigung oder Verringerung der Hilfebedürftigkeit insbesondere durch Eingliederung in Arbeit	Leistungen zur Sicherung des Lebensunterhalts
§ 14 SGB II - Grundsatz des Förderns: Besonderheit: persönlicher Ansprechpartner	**Leistungen zur Sicherung des Lebensunterhaltes an erwerbsfähige Personen ab dem 15. bis zur Vollendung des 65./67. Lj.**
Leistungen nach §§ 16 ff. SGB II O § 16 SGB II – Vielzahl der Leistungen nach dem SGB III - Ausnahmen beachten! O § 16a SGB II – über § 16 SGB II hinausgehende Leistungen O § 16b SGB II – Einstiegsgeld O § 16c SGB II – Leistungen zur Eingliederung von Selbständigen O § 16d SGB II - Arbeitsgelegenheiten, 1-€-Jobs, in Bremen sog. „In-Jobs" O §§ 16e ff. SGB II – weitere Leistungen der Beschäftigungsförderung **Freibeträge bei Erwerbstätigkeit nach § 11b III SGB II** **Eingliederungsvereinbarung nach § 15 SGB II** **Sofortangebot** nach § 15a **SGB II**	O ALG II nach §§ 19, 20 SGB II O Leistungen für Mehrbedarfe beim Lebensunterhalt, § 21 SGB II O Leistungen für Unterkunft und Heizung, § 22 SGB II O Darlehensweise Gewährung und einmalige Leistungen, § 24 SGB II O Leistungen bei med. Rehabilitation der Rentenversicherung und bei Anspruch auf Verletztengeld aus der Unfallversicherung, § 25 SGB II O Zuschuss zu Beiträgen bei Befreiung von der Versicherungspflicht, § 26 SGB II O Leistungen für Auszubildende nach § 27 SGB II O Bedarfe für Bildung und Teilhabe, §§ 28, 29 SGB II **Leistungen zur Sicherung des Lebensunterhalts an nicht erwerbsfähige Personen, die mit erwerbsfähigen Personen in einer Bedarfsgemeinschaft leben** Sozialgeld, §§ 23, 77 SGB II

3. Pflichtverletzungen nach §§ 31 ff. SGB II

Der Gesetzgeber hat zur Durchsetzung seines Forderungsgrundsatzes eine Reihe von Sanktionen in das SGB II eingefügt. Im Wesentlichen beziehen sie sich auf die Absenkung und den Wegfall der Leistungen nach dem SGB II. Kommt der erwerbsfähige Leistungsberechtigte seinen Verpflichtungen – wie z.B. der Annahme einer zumutbaren Arbeit, § 31 I Nr. 2 SGB II oder Nicht-Erscheinen zu Terminen bei der Arbeitsagentur, § 32 I SGB II – nicht nach, werden seine Leistungen gekürzt. Je nach Pflichtverletzung werden die Leistungen um 30 oder 10 % des maßgebenden Regelsatzes gekürzt. Bei wiederholter Pflichtverletzung binnen eines Jahres, wird um weitere 30 % bzw. um den geringeren Satz gekürzt; bei nochmaliger Pflichtverletzung wird das komplette Arbeitslosengeld II gestrichen. Diese Absenkungen bzw. der Wegfall dauern drei Monate, § 31b II SGB II. Besonderheiten gelten auch hier für den Kreis der Personen unter 25 Jahren.

Beispiel 16: Der 21-jährige B soll ab April im Bereich der Landschaftsgärtnerei eine Arbeitsgelegenheit nach § 16d SGB II übernehmen. Insbesondere soll er in den städtischen Grünanlagen tätig sein – Bäume und Sträucher beschneiden etc. B hat dazu keine Lust, fragt sich aber, welche Konsequenzen dies haben könnte.

Abwandlung: B würde die Aufgabe sehr gerne übernehmen, leidet aber an einer starken Pollenallergie / Heuschnupfen, gerade in den Monaten März-Juni, die sich auch medikamentös nicht überwinden lässt.

Lösung: Die Konsequenz aus einer Ablehnung der Arbeitsgelegenheit ergibt sich aus § 31a II SGB II. Danach wird das Arbeitslosengeld bereits bei der ersten Ablehnung auf die Kosten der Unterkunft beschränkt, diese werden direkt an den Vermieter / Empfangsberechtigten geleistet. Es können ergänzende Sachleistungen oder geldwerte Leistungen erbracht werden, z.B. Lebensmittelgutscheine. B sollte sich also gut überlegen, ob er die Arbeitsgelegenheit ablehnt.

Lösung Abwandlung: Die Allergie stellt einen wichtigen Grund nach § 31 I letzter Satz dar, da B aus gesundheitlichen Gründen die Tätigkeit nicht aufnehmen kann; zudem ist ihm die Tätigkeit auch gemäß § 10 I Nr. 1 SGB II nicht zumutbar.

Der erwerbsfähige Leistungsberechtigte hat hier also mit massiven Leistungskürzungen zu rechnen, wenn er den Eingliederungsversuchen des Sozialleistungsträgers nicht Folge leistet. Ob derart massive Sanktionen der Sache dienen, darf bezweifelt werden, ebenso, ob sie verfassungsrechtlich zulässig sind. Zu derartigen Sanktionen darf jedoch nur gegriffen werden, wenn der erwerbsfähige Leistungsberechtigte über die Rechtsfolgen seiner Handlungen schriftlich belehrt worden ist, vgl. § 31 I 1 SGB II.

Literatur

📖 *Vgl. auch die Entscheidung des BSG vom 17.12.2009, Az. B 4 AS 20/09 R*, wonach keine Sanktion verhängt werden darf, wenn eine Eingliederungsmaßnahmen abgelehnt und keine Eingliederungsvereinbarung abgeschlossen wurde.

Zu den Sanktionen für Bezieher von Sozialgeld siehe § 31a IV SGB II.

Sanktionen im SGB II - Übersicht

Verhalten	Folge	Folge unter 25 Jahre
Pflichtverletzung bei der Eingliederung in Arbeit, § 31 I SGB II • Weigerung, die in der Eingliederungsvereinbarung vereinbarten Pflichten zu erfüllen • Weigerung, eine zumutbare Arbeit, Ausbildung, Arbeitsgelegenheit, geförderte Arbeit nach §§ 16d, e SGB II aufzunehmen, fortzuführen oder deren Anbahnung durch Verhalten verhindern; nicht antreten, abbrechen oder Abbruch veranlassen • ohne wichtigen Grund	**§ 31a I SGB II** **1. Stufe** • Kürzung der Regelleistung um 30 % **2. Stufe** • Kürzung der Regelleistung um 60 % **3. Stufe** • Streichen des gesamten ALG 2 (auch der Miete, Heizung, Neben-kosten) • Es kommt ein Anspruch auf Sachkosten in Betracht	**§ 31a II SGB II** **1. Stufe** • Streichen des gesamten ALG 2 • Bedarfe der Unterkunft und Heizung werden direkt an Vermieter gezahlt **2. Stufe** • Streichen des gesamten ALG 2 (auch der Miete, Heizung, Nebenkosten) • Es kommt ein Anspruch auf Sachkosten in Betracht
Verletzung weiterer Verpflichtungen, § 32 SGB II	**§ 32 SGB II** • Kürzung der Regelleistung	

• Nichterscheinen bei einem Termin des Trägers, einer ärztlichen oder psychologischen Untersuchung • ohne wichtigen Grund	um 10 %	
Verletzung von § 31 II SGB II • Herbeiführung, des Leistungsfalles, unwirtschaftliches Verhalten, Sperr-zeit	Wie bei Pflichtver-letzung bei Eingliederung in Arbeit	
Pflichtverletzung von Beziehern von Sozial-geld, § 31a IV SGB II • § 31 SGB II gilt entsprechend	§ 31a I und III SGB II gilt entsprechend	

4. Organisation und Finanzierung

Nach § 6 SGB II sind die Träger der Grundsicherung für Arbeits-suchende die Bundesagentur für Arbeit und für bestimmte in § 6 I Nr. 2 bestimmte Aufgaben, die kreisfreien Städte und Kreise und die kommunalen Träger. Zur einheitlichen Wahrnehmung der Auf-gaben werden nach § 44b SGB II gemeinsame Einrichtungen geschaffen, die den Namen Jobcenter führen, § 6d SGB II. Siehe zu den zugelassenen kommunalen Trägern, §§ 6a SGB II. Die Finanzierung richtet sich nach den §§ 46 ff. SGB II und erfolgt nach diesen Maßgaben durch Bund und kommunale Träger. Die Finanzierung erfolgt aus Steuermitteln.

II. Das SGB XII - die Sozialhilfe

Die Sozialhilfe ist seit dem 1.1.2005 im SGB XII verankert.[21] Das SGB XII hat das BSHG (Bundessozialhilfegesetz) abgelöst und die Sozialhilfe in das Sozialgesetzbuch überführt. Die Sozialhilfe, häufig auch noch als Fürsorge bezeichnet, galt lange als das letzte soziale Netz, das insbesondere unter die Systeme der sozialen Vorsorge (Sozialversicherung) gespannt ist. Diesen Titel muss die

---

[21] Gesetz zur Einordnung des Sozialhilferechts in das Sozialgesetzbuch vom 27.12.2003, BGBl. I S. 3022.

Sozialhilfe sich seit der Reform im Jahre 2005 mit dem SGB II teilen, denn auch dieses hat eine letzte Auffangfunktion. Durch die Reform im Jahre 2005 hat sich der Kreis der Leistungsberechtigten der Sozialhilfe stark verändert, insbesondere hat er sich verringert. Durch das SGB II (siehe oben) sind alle erwerbsfähigen Leistungsberechtigen zu Leistungsberechtigen nach dem SGB II zusammengefasst worden. Dies traf insbesondere die Arbeitslosenhilfeempfänger nach dem SGB III (die Arbeitslosenhilfe wurde damit abgeschafft) und die Personen, die erwerbsfähig sind und Hilfe zum Lebensunterhalt nach dem BSHG bezogen. Im SGB XII sind nunmehr insbesondere erwerbsunfähige Personen leistungsberechtigt, wenn sie nicht Teil einer Bedarfsgemeinschaft nach dem SGB II sind.

Die Aufgabe der Sozialhilfe ist es, den Leistungsberechtigten die Führung eines Lebens zu ermöglichen, das der Würde des Menschen entspricht, § 1 Satz 1 SGB XII. Der Bezug zu Art. 1 I GG ist unübersehbar und die Sicherung des Existenzminimums findet hier sein einfachgesetzliches Gegenstück. Neben diesem Sicherungsgedanken ist jedoch auch die Ermöglichung eines Lebens unabhängig von der Sozialhilfe Ziel des Gesetzes, § 1 Satz 2 SGB XII. Die Verpflichtung, sich hierum zu bemühen trifft Leistungsberechtigte und Träger der Sozialhilfe gleichermaßen (Hilfe zur Selbsthilfe). Zur Erreichung dieses Ziels sollen sog. Leistungsabsprachen zwischen den Leistungsberechtigten und dem Träger der Sozialhilfe getroffen werden, § 12 SGB XII. Nicht vergleichbar ist die Leistungsabsprache mit der Eingliederungsvereinbarung nach § 15 SGB II, denn verweigert sich der Leistungsberechtigte dieser Leistungsabsprache, drohen keine Sanktionen im Sinne der §§ 31 ff. SGB II.

Ebenso wie das SGB II ist das SGB XII vom sog. Nachranggrundsatz geprägt. Dies bedeutet, dass die Sozialhilfe erst dann eintritt, wenn anderweitige Hilfe, insbesondere durch eigene Arbeit, Einkommen, Vermögen, Angehörige und Träger anderer Sozialhilfeleistungen nicht möglich ist, § 2 SGB XII.

Ebenso prägend für das Sozialhilferecht ist das sog. Finalprinzip, wonach es irrelevant ist, warum der Leistungsberechtigte hilfebedürftig ist, d.h. auf die Ursache kommt es nicht an (beachte die Ausnahmen in §§ 26, 39, 103 SGB XII).

Ein weiterer Grundsatz ist das Bedarfsdeckungsprinzip, das sich aus § 9 SGB XII ableiten lässt. Durch die Leistungen der Sozialhilfe soll der individuelle, konkrete sozialhilferechtliche Bedarf vollständig befriedigt werden. Eine Einschränkung erfährt dieser insbesondere durch die Pauschalierung der Leistungen, beispielsweise im Regelsatz nach § 28 SGB XII. Verknüpft wird dieser Grundsatz mit dem sog. Gegenwärtigkeitsprinzip, welches postuliert, dass Sozialhilfeleistungen nur für die Gegenwart geleistet werden und grundsätzlich nicht für die Vergangenheit.

Als letztes das SGB XII prägende Prinzip soll das Individualisierungsprinzip genannt sein, dass in § 9 I und § 16 SGB XII seine Ausprägung gefunden hat. Hiernach soll die Leistung so erbracht werden, dass sie den Besonderheiten des Einzelfalles gerecht wird. Insbesondere soll auch den Wünschen des Leistungsberechtigten soweit sie angemessen sind, entsprochen werden, § 9 II SGB XII. Die Angemessenheit richtet sich insbesondere nach den finanziellen Folgen der Wünsche des Leistungsberechtigten, § 9 II letzter Satz SGB XII. Nach § 16 SGB XII sollen die Leistungen auch den besonderen Verhältnissen in der Familie Rechnung tragen.

Allgemeine Leistungsgrundsätze - Übersicht:

- Ermöglichung eines Lebens, das der Würde des Menschen entspricht, § 1 Satz 1 SGB XII
- Hilfe zur Selbsthilfe, § 1 Satz 2 SGB XII
- Nachranggrundsatz, § 2 SGB XII
- Finalprinzip
- Bedarfsdeckungsprinzip / Gegenwärtigkeitsgrundsatz
- Individualisierungsprinzip, §§ 9, 16 SGB XII

Literatur

📖 Zu den Strukturprinzipien des Sozialhilferechts: Peter Trenk-Hinterberger, Sozialrechtshandbuch, 2012, § 23, Rn. 20 ff.

1. Hilfe zum Lebensunterhalt nach §§ 27 ff. SGB XII

Eine Vorschrift zu den leistungsberechtigten Personenkreisen des SGB XII findet sich in § 19 SGB XII. § 19 I SGB XII enthält eine

Regelung zu den Personen, die einen Anspruch auf Hilfe zum Lebensunterhalt haben. Danach ist Personen, die ihren notwendigen Lebensunterhalt nicht oder nicht ausreichend aus eigenen Kräften und Mitteln, insbesondere ihrem Einkommen und Vermögen beschaffen können, Hilfe zum Lebensunterhalt zu gewähren. Diese Leistung setzt – wie alle Leistungen nach dem SGB XII, außer der Grundsicherung im Alter und bei Erwerbsminderung – ein, sobald dem Träger der Sozialhilfe oder der von ihm beauftragten Stellen bekannt wird, dass die Voraussetzungen für die Leistung vorliegen, d.h. diese Leistung ist nicht antragsabhängig, vgl. § 18 I SGB XII.

Leistungsberechtigte nach §§ 27 ff. SGB XII, sind nur die Personen, denen nicht nach anderen Vorschriften (Sozial-)Leistungen zustehen. Die Grundsicherung für Arbeitssuchende nach dem SGB II und auch die Grundsicherung im Alter und bei Erwerbsminderung nach §§ 41 ff. SGB XII gehen den Leistungen nach den §§ 27 ff. SGB XII vor. Es kommen für die Hilfe zum Lebensunterhalt der Personenkreis der erwerbsunfähigen Personen zwischen 15 und Personen, die die Altersgrenze nach § 41 II SGB XII erreicht haben (stufenweise Anpassung der Altersgrenze an die Regelaltersgrenze nach dem SGB VI von 65 Jahren auf 67 Jahre) und die unter 15-jährigen in Betracht. Dies ist jedoch im Einzelfall zu ermitteln.

Beispiel 17: Die 13-jährige C lebt mit ihrer Mutter, die Leistungen nach dem SGB II erhält. C erhält Sozialgeld nach § 28 SGB II.

Abwandlung: Lebt C hingegen bei ihrer 69-jährigen Großmutter, weil ihre Mutter drogenabhängig und obdachlos ist und der Großmutter die Vormundschaft übertragen wurde, kommen Leistungen nach dem SGB XII in Betracht, wenn nicht vorrangig Leistungen nach dem SGB VIII wegen erzieherischem Hilfebedarfs zu leisten sind.

Beispiel 18: Der 35-jährige, schwer drogenabhängige D will von den Drogen loskommen und möchte gern in ein Methadonprogramm. Fraglich ist, ob er als grundsätzlich Erwerbsfähiger Leistungen nach dem SGB II oder SGB XII erhält. Bei seiner hochgradigen Suchtproblematik ist sehr deutlich, dass er die kommenden 12 Monate nicht erwerbstätig sein kann. Auch hier kommen u.a. Leistungen nach §§ 27 SGB XII in Betracht.

Literatur

📖 *Siehe die Entscheidung des SG Düsseldorf vom 14.6.2006, Az. S 35 SO 15/06 ER zur Frage der Leistungsberechtigung nach SGB XII oder SGB VIII*

Die Leistungen der Hilfe zum Lebensunterhalt sind denen des SGB II in Teilen sehr ähnlich. Auch hier wird ein Regelsatz geleistet. Die Berechnung der Höhe erfolgt nach §§ 28 f. SGB XII und wird in einem Bundesgesetz ermittelt. Der Regelsatz betrug ab dem 1.1.2011 364 € in der ersten Regelsatzstufe und lehnt sich damit an den Regelungen des SGB II an. Da zum 1.1.2013 eine Erhöhung der Regelsätze im SGB II auf 382 € erfolgte, erfolgt dies auch für die Regelsätze nach SGB XII. Es gibt auch hier entsprechende Abstufungen im Regelsatz (siehe die Ausführungen zu SGB II). Dieser Regelsatz umfasst Ernährung, Kleidung, Körperpflege, Hausrat etc., vgl. § 27 I SGB XII. Auch hier sollen Leistungen wie Mobiliar oder Bekleidung vom Regelsatz gedeckt sein und werden nicht mehr als sog. Einmalleistung erbracht (so kannte es noch das BSHG). Es sei denn, es handelt sich um eine Leistung, die in § 31 SGB XII – einmalige Bedarfe – aufgeführt ist (Erstausstattung für die Wohnung, für Bekleidung, bei Schwangerschaft und Geburt und Anschaffung und Reparaturen von orthopädischen Schuhen, Reparaturen von therapeutischen Geräten und Ausrüstungen sowie die Miete von therapeutischen Geräten).

Nach § 34 SGB XII sind Bedarfe für Bildung und Teilhabe zu erbringen. Siehe hierzu im Einzelnen die Ausführungen bei der Grundsicherung für Arbeitssuchende. Der notwendige Lebensunterhalt umfasst auch Bedarfe für Unterkunft und Heizung in angemessenem Umfang, § 35 SGB XII. Das SGB XII kennt ebenfalls sog. Mehrbedarfe, die den Bedarf in bestimmten Lebenssituationen abdecken sollen, so beispielsweise bei Alter und Behinderung (§ 30 I Nr. 1, 2, 4 SGB XII), Schwangeren (§ 30 II SGB XII) oder Alleinerziehenden (§ 30 III SGB XII). Hingewiesen sei noch auf die besondere Regelung des § 27b SGB XII, der den notwendigen Lebensunterhalt in Einrichtungen, d.h. insbesondere bei stationärer Unterbringung, regelt.

Hinzuweisen ist auch noch auf den § 39a SGB XII. Nicht nur das SGB II kennt die Förderung und Aktivierung der Leistungsberechtigten. Dies findet sich auch in § 11 SGB XII. Auch hiernach soll den Leistungsberechtigten eine Tätigkeit angeboten werden, § 11 III SGB XII. Kommen sie diesem Angebot unberechtigterweise nicht nach, drohen auch hier Leistungskürzungen, vgl. § 39a SGB XII, in Höhe von 25% bzw. bei wiederholter Pflichtverletzung von 50%.

94

Im SGB XII werden Einkommen und Vermögen ebenfalls angerechnet bzw. sind vorrangig zur Bedarfsdeckung heranzuziehen,
§§ 82 ff. SGB XII. Die Sozialhilfe kennt jedoch unterschiedliche
Einkommensgrenzen. So ist die Einkommensgrenze für die Hilfe
zum Lebensunterhalt eine andere als für die Leistungen nach dem
5. bis 9. Kapitel, bei letzteren ist die Einkommensgrenze höher,
vgl. §§ 85 ff. SGB XII. Eine Unterscheidung gibt es auch bei der
Anrechnung von Vermögen. Nach § 90 I SGB XII ist das gesamte
verwertbare Vermögen einzusetzen, es sei denn, es fällt unter die
Ausnahme des Absatzes 2. Auch hier gibt es gewisse Ähnlich-
keiten zur Vermögensanrechnung im SGB II, es wird aber auch
deutlich, dass das SGB II andere Ziele verfolgt.

Beispiel 19: Das SGB II weist in § 12 III Nr. 2 SGB II ausdrücklich die
Unverwertbarkeit eines angemessenen KFZ aus. Das SGB XII kennt eine
solche Regelung in § 90 II SGB XII nicht, regelmäßig wird ein ent-
sprechendes KFZ also zu verwerten sein. Dies ist insbesondere dem
Umstand geschuldet, dass dem Leistungsberechtigten nach dem SGB II
eine gewisse Flexibilität für die Arbeitssuche etc. ermöglicht werden soll,
dies ist bei Leistungsberechtigten nach dem SGB XII nicht erforderlich, da
er als Erwerbsunfähiger regelmäßig nicht auf Arbeitssuche sein wird.

Die Vermögensanrechung erfährt im SGB XII zudem noch eine
Binnendifferenzierung zwischen behinderten (§ 92 SGB XII) und
nicht behinderten Menschen (§ 90 SGB XII).

Literatur

📖 *Siehe auch BSG, Entscheidung vom 28.2.2013, Az. B 8 SO 12/11 R,
zur Anrechnung einer Motivationszuwendung auf Leistungen nach dem
SGB XII*

2. Grundsicherung im Alter und bei Erwerbsminderung nach §§ 41 ff. SGB XII

Die Grundsicherung im Alter und bei Erwerbsminderung nach den
§§ 41 ff. SGB XII war vor der Überführung des Sozialhilferechts in
das SGB XII im Gesetz über eine bedarfsorientierte Grundsicherung im Alter und bei Erwerbsminderung (GSiG) geregelt und
ist dann mit Schaffung des SGB XII in dieses integriert worden.
Die Grundsicherung nach §§ 41 ff. SGB XII dient insbesondere der
Bekämpfung der Altersarmut.

Der leistungsberechtigte Personenkreis umfasst die Personen, die die Altersgrenze nach § 41 II SGB XII überschritten haben (schrittweise Anpassung an die Anhebung des Renteneintrittsalters auf 67 Jahre) und Personen, die das 18. Lebensjahr vollendet haben und voll erwerbsgemindert im Sinne des § 43 II SGB VI sind und bei denen die Behebung der vollen Erwerbsminderung unwahrscheinlich ist, § 41 I SGB XII.

Leistungsberechtigt sind die, die ihren Lebensunterhalt nicht aus eigenen Mitteln bestreiten können, § 41 II SGB XII und diese Bedürftigkeit nicht selbst in den letzten 10 Jahren verursacht haben, § 41 III SGB XII.

Der Umfang der Leistung ist in § 42 SGB XII geregelt und im Großen und Ganzen den Leistungen der Hilfe zum Lebensunterhalt nachgebildet. Auch hier wird also üblicherweise ein Regelsatz in Höhe von 382 € gewährt, die angemessenen Unterkunftskosten werden geleistet und auch Mehrbedarfe etc. Auch darlehensweise Erbringung ist nach § 42 letzter Satz SGB XII möglich.

Besonderheiten gibt es beim Vermögenseinsatz und den Unterhaltsansprüchen, § 43 SGB XII. Insbesondere der Unterhaltsanspruch der Leistungsberechtigten gegenüber ihren Kindern und Eltern bleibt bis zu einem Betrag von 100.000 € unberücksichtigt.

Beispiel 20: E erreicht in zwei Monaten die Altersgrenze nach § 41 II SGB XII und wird dann ihren Beruf als Bäckereifachverkäuferin nicht mehr ausüben. Sie war in diesem Beruf die letzten 15 Jahre Teilzeit beschäftigt und ihre Rente ist denkbar gering, so dass sie ihren Lebensunterhalt hiervon nicht bestreiten können wird. Ihre drei Kinder hat sie allein großgezogen und zwei von ihnen sind berufstätig. Die jüngste Tochter F ist in einer großen Anwaltskanzlei beschäftigt und verdient 80.000 € im Jahr, ihr Sohn G ist Krankenpfleger und verdient 30.000 € jährlich. E hat Sorge, dass F und G zum Unterhalt herangezogen werden, wenn E Sozialhilfeleistungen beantragt. Zu Recht?

Lösung: Grundsätzlich sind nach dem BGB auch Kinder ihren Eltern zum Unterhalt verpflichtet. Wenn E in diesem Fall jedoch Leistungen nach §§ 41 ff. SGB XII beantragt, muss sie sich keine Sorgen machen: bis zu einem Jahreseinkommen von 100.000 € bleiben die Unterhaltsansprüche unberücksichtigt, § 43 I 1 SGB XII. Die Einkommen von mehreren Kindern werden nicht zusammengerechnet. E kann also ohne Sorge, dass ein Rückgriff auf ihre Kinder erfolgt, Leistungen nach §§ 41 ff. SGB XII beantragen.

Nach § 18 I SGB XII ist eine Antragstellung notwendig.

3. Hilfen zur Gesundheit nach §§ 47 ff. SGB XII

Die Hilfen zur Gesundheit werden erbracht, wenn den Leistungsberechtigten, ggf. den Ehegatten/Lebenspartnern bzw. Eltern die
Aufbringung der Mittel aus dem Einkommen und Vermögen nicht
zuzumuten ist, vgl. § 19 III SGB XII.

Die Hilfen zur Gesundheit umfassen die vorbeugende Gesund-
heitshilfe (§ 47 SGB XII), die Hilfe bei Krankheit (§ 48 SGB XII),
die Hilfe zur Familienplanung (§ 49 SGB XII), die Hilfe bei
Schwangerschaft und Mutterschaft (§ 50 SGB XII) und die Hilfe
bei Sterilisation (§ 51 SGB XII). Diese Leistungen sind zum Teil an
die Leistungen nach dem SGB V angelehnt, vgl. § 48 SGB V.

Literatur

📕 *Siehe BSG, Entscheidung vom 15.11.2012, Az. B 8 SO 6/11 R zur
Kostenübernahme der Dreimonatsverhütungsspritze*

4. Eingliederungshilfe für behinderte Menschen nach §§ 53 ff. SGB XII

Die §§ 53 ff. SGB XII in Verbindung mit der Eingliederungshilfeverordnung[22] regeln die Eingliederungshilfe für behinderte Menschen.

a. Leistungsberechtigter Personenkreis

Nach § 53 SGB XII ist Personen, die durch eine Behinderung im
Sinne des § 2 I 1 SGB IX wesentlich in ihrer Fähigkeit an der
Gesellschaft teilzuhaben eingeschränkt oder von einer solchen
Behinderung bedroht sind, Eingliederungshilfe zu gewähren. Eingliederungshilfe wird also Personen, die bereits behindert sind, als
auch Personen, denen Behinderung droht, geleistet (vgl. insoweit
auch die Eingliederungshilfeverordnung, §§ 1-3). Sie soll die Teilhabe an der Gesellschaft und auch ein Stück Chancengleichheit
ermöglichen.

Beispiel 20a: Der im Jahr 2008 geborene Sohn von A und B - C – leidet
an Autismus. Gutachterlich wurde festgestellt dass C durchaus über
Inselbegabungen verfüge, aber nur über gering ausgeprägte Fähigkeiten,
verbale Informationen umzusetzen und über geringe kognitive Fähig-

---

[22] VO vom 1.2.1975, BGBl. I, S. 434; zuletzt geändert 27.12.2003, BGBl. I,
S. 3022.

keiten. A und B beantragen für den Besuch des Kindertagesheimes eine persönliche Assistenz für C. Kommen Leistungen der Eingliederungshilfe in Betracht oder Leistungen der Kinder- und Jugendhilfe nach dem SGB VIII?

Lösung: Eingliederungshilfe nach den §§ 53 f. SGB XII wird Personen gewährt, die geistig oder körperlich behindert sind; für seelisch Behinderte Kinder und Jugendhilfe werden Eingliederungshilfen nach § 35a SGB VIII gewährt. Umstritten ist, ob Autismus eine geistige oder eine seelisch Behinderung darstellt. Im vorliegenden Fall ist aufgrund der gutachterlich festgestellten Fähigkeiten des C von einer geistigen Behinderung auszugehen. Damit kommen Leistungen der Eingliederungshilfe nach §§ 53, 54 SGB XII in Betracht (siehe Vorrang dieser Leistungen nach § 10 IV SGB VIII).

Literatur

📖 *Siehe die Entscheidung des OVG Bremen vom 9.12.2009, Az. S 3 A 443/06*

b. Leistungen der Eingliederungshilfe

Der Leistungskatalog der Eingliederungshilfe ist vielfältig. Neben den Leistungen aus dem SGB IX, auf die in § 54 I 1 SGB XII Bezug genommen wird, bietet das SGB XII in seinem § 54 SGB XII eine Reihe von Leistungen, die die Erreichung des Ziels - Teilhabe an der Gesellschaft – ermöglichen sollen. Dieser Katalog ist nicht abschließend.

Beispiel 21: Beispiele für Leistungen der Eingliederungshilfe finden sich in der Eingliederungshilfeverordnung, §§ 6 ff., wonach Rehabilitationssport ebenso dazugehört wie Hilfsmittel oder heilpädagogische Maßnahmen bei der Hilfe zu einer angemessenen Schulausbildung.

Was zum Bereich der Eingliederungshilfe gehört, kann immer wieder strittig sein. Insbesondere weil der Gesetzgeber in §§ 53 und 54 SGB XII mit unbestimmten Rechtsbegriffen arbeitet, die auszulegen sind.

Literatur

📖 Vgl. zum Beispiel zur Übernahme der Kosten einer privaten Förderschule für ein geistig und körperlich behindertes Kind: BSG, Entscheidung vom 15.12.2012, Az. B 8 SO 10/11 R
📖 Vgl. zur Betreuung einer jungen, geistig behinderten Mutter in einer gemeinsamen Wohnform mit dem Kind: *BVerwG vom 22.10.2009, Az. 5 C 19/08*

98

Seit dem 5.8.2009[23] stellt eine Leistung der Eingliederungshilfe auch die Betreuung in einer Pflegefamilie dar, soweit eine geeignete Pflegeperson Kinder und Jugendliche über Tag und Nacht in ihrem Haushalt versorgt und dadurch der Aufenthalt in einer vollstationären Einrichtung der Behindertenhilfe vermieden oder beendet werden kann, § 54 III SGB XI.

c. Persönliches Budget nach § 57 SGB XII und Gesamtplan nach § 58 SGB XI

Seit dem 1.7.2004 findet sich im Sozialhilferecht das sog. trägerübergreifende persönliche Budget, welches es den Leistungsberechtigten nach § 53 SGB XII ermöglicht, die Leistungen der Eingliederungshilfe als Teil eines trägerübergreifenden Budgets zu erhalten. Das trägerübergreifende persönliche Budget ermöglicht es den Leistungsberechtigten, selbständiger über die Leistungen und die Leistungserbringer zu entscheiden und sich entsprechende Leistungen „selbständiger einzukaufen". Vgl. hierzu im Einzelnen auch § 17 SGB IX iVm der Budgetverordnung. Im Rahmen der Eingliederungshilfe wird ein sog. Gesamtplan aufgestellt, § 58 SGB XII, in dem die Durchführung der einzelnen Leistung zur Eingliederung koordiniert wird.

Literatur

📖 Vgl. zur weiteren Entwicklung der Eingliederungshilfe: Antje Welke, Die Zukunft der Eingliederungshilfe für Menschen mit Behinderung, NDV 2009, 456 ff.

5. Hilfe zur Pflege nach §§ 61 ff. SGB XII

In den §§ 61 ff. SGB XII ist die Hilfe zur Pflege geregelt. Das Risiko „Pflegebedürftigkeit" ist seit der Einführung des SGB XI zu einem großen Teil in diesem Sozialgesetzbuch geregelt. Da an die Leistungen nach dem SGB XI jedoch Voraussetzungen, wie die Erfüllung der Vorversicherungszeit und idR die erhebliche Pflegebedürftigkeit geknüpft sind, kommen nicht alle pflegebedürftigen Personen in den Genuss dieser Leistungen bzw. muss die Sozialhilfe die Leistungen nach dem SGB XI ergänzen.

---

[23] Eingef. durch Art. 4 Nr. 2 Gesetz vom 30.7.2009, BGBl. I, S. 2495 – befristet bis zum 1.1.2014

Die Definition zur Pflegebedürftigkeit ist eng angelehnt an die Definition des § 14 SGB XI. So findet sich in § 61 SGB XII eine sehr ähnliche Formulierung, wann Pflegebedürftigkeit vorliegt. Die Abgrenzung zum SGB XI findet sich in § 61 I 2 SGB XII, wonach auch Leistungen erbracht werden, wenn der Bedarf kürzer als 6 Monate andauert, die erhebliche Pflegebedürftigkeit nicht gegeben ist oder die Hilfe für andere Verrichtungen als in § 61 V SGB XII beschrieben, benötigt wird. Das SGB XII kennt also eine sog. Pflegestufe „0".

Die Leistungen der Hilfe zur Pflege sind in § 61 II SGB XII aufgeführt und finden ihre Konkretisierung in den entsprechenden Vorschriften des SGB XI bzw. in §§ 64 f. SGB XII. Danach werden auch im SGB XII Leistungen zur häuslichen Pflege, Hilfsmittel, teilstationäre Pflege, Kurzzeitpflege, stationäre Pflege und Pflegegeld (§ 64 SGB XII) geleistet. Auch die Leistungen der Hilfe zur Pflege können im Rahmen des persönlichen Budgets erbracht werden, § 61 II 2 SGB XII.

Beispiel 22: H ist 85 Jahre alt und lebt noch in seinem eigenen Haushalt. Nach einem Herzinfarkt geht es ihm nicht so gut. Morgens muss nun täglich eine Pflegerin kommen und ihm beim Waschen und Anziehen helfen. Dies braucht täglich 30 Minuten. Ansonsten kommt H alleine zurecht. Seine Rente ist sehr gering und er überlegt, ob er Sozialleistungen beantragen sollte, um die Pflegerin bezahlen zu können. Sozialversichert war und ist er seit vielen Jahren. Was ist ihm zu raten?

Lösung: Zunächst ist zu prüfen, ob er Leistungen nach dem SGB XI erhalten könnte, die Leistungsvoraussetzungen (Versichert, Vorversicherungszeit, Antrag) nach dem SGB XI könnten erfüllt sein und wären hier zu unterstellen. Jedoch fehlt es in jedem Fall an der erheblichen Pflegebedürftigkeit nach §§ 14, 15 SGB XI, da H nur 30 Minuten täglich Hilfe bei der Körperpflege braucht. Ihm ist anzuraten, sich an den Träger der Sozialhilfeleistungen zu wenden, denn hier kommt – wenn keine Einkommens- oder Vermögensanrechnung in Betracht kommt – eine Leistung nach §§ 61 ff. SGB XII in Betracht, da H die Pflegestufe „0" erreicht.

6. Hilfe zur Überwindung besonderer sozialer Schwierigkeiten nach §§ 67 ff. SGB XII

Die §§ 67 ff. SGB XII bieten Hilfen zur Überwindung besonderer sozialer Schwierigkeiten. Besondere soziale Schwierigkeiten sind gegeben, wenn besondere Lebensverhältnisse mit sozialen Schwierigkeiten verbunden sind. Besondere Lebensverhältnisse sind beispielsweise eine fehlende oder nicht ausreichende Wohnung, eine ungesicherte wirtschaftliche Lebensgrundlage, gewaltgeprägte Lebensumstände, Entlassung aus einer geschlossenen Einrichtung, vgl. § 1 der Verordnung zur Durchführung der Hilfe zur Überwindung besonderer sozialer Schwierigkeiten.[24] Maßnahmen dieser Hilfe sind Dienst-, Geld- und Sachleistungen, die notwendig sind, um die besonderen sozialen Schwierigkeiten nachhaltig abzuwenden, zu beseitigen, zu mildern oder ihre Verschlimmerung zu verhüten. Die Leistungen sind im Einzelnen in den §§ 3 ff. der oben genannten Verordnung zu finden. Hierunter fallen neben Beratung und persönlicher Unterstützung auch Hilfe bei der Erhaltung und Beschaffung einer Wohnung oder auch Hilfe zum Aufbau und zur Aufrechterhaltung sozialer Beziehungen und zur Gestaltung des Alltags.

Beispiel 22a: D ist langjährig drogenabhängig und hat bereits diverse Therapieversuche hinter sich, die er jedoch immer wieder abbrach. Nunmehr will er eine Therapie beginnen, die einen 12-monatigen stationären Aufenthalt erforderlich macht. D ist unsicher, ob er diesmal die Therapie schafft. D hat eine Mietwohnung, für die Miete kommt der zuständige Sozialhilfeträger (SHT) auf. Der SHT kündigt an, die Mietzahlung mit dem Beginn der stationären Therapie einzustellen, da D dann der Mietwohnung nicht mehr bedürfe. D ist verzweifelt – er hat Sorge, dass wenn er die Therapie abbricht, er wohnungslos ist, aber auch wenn er die Therapie durchsteht, danach ohne Wohnung ist.

Lösung: D könnte einen Anspruch auf Übernahme der Mietkosten gegen den SHT aus dem SGB XII haben. Ein Anspruch nach § 34 SGB XII ist aufgrund Fehlens der Anspruchsvoraussetzungen nicht gegeben. In Betracht kommt jedoch §§ 67, 68 SGB XII. D zählt als schwer Drogenabhängiger, dem bei Abbruch der Therapie oder Ende der Therapie Wohnungslosigkeit droht, zum leistungsberechtigten Personenkreis nach § 67 SGB XII. Geld- und Sachleistungen gehören zu den Leistungen nach § 68 SGB XII, insbesondere weil auch keine anderen Leistungen nach SGB XI oder VIII (vgl. § 67 S. 2 SGB XII) in Betracht kommen. Als Geldleistung können auch Leistungen zur Erhaltung einer Wohnung erforderlich sein, wenn der Betroffene die Wohnung vorübergehend nicht bewohnt, weil er anderweitig untergebracht ist (z.B. auch bei Inhaftierung des Betroffenen in Untersuchungshaft). Dabei ist der Anspruch abhängig von der Dauer der Abwesenheit. Bei D ist diese nicht genau absehbar, denn es ist nicht sicher, ob er die 12-monatige Therapie tatsächlich durchhält. Es kann sein, dass er die Therapie kurzfristig abbricht und dann – bei

---

[24] VO vom 24.1.2001, BGBl. I, S. 179, zuletzt geändert am 27.12. 2003, BGBl. I, S. 3022.

Aufgabe der Wohnung – wohnungslos ist. Aus diesem Grunde sind Leistungen – hier Mietzahlungen – nach §§ 67, 68 SGB XII zu erbringen.

Literatur

📖 Vgl. Entscheidung LSG Berlin-Brandenburg vom 5.10.2009, Az. L 23 SO 109/09 B PKH

7. Hilfe in anderen Lebenslagen nach §§ 70 ff. SGB XII

In den §§ 70 ff. SGB XII finden sich die Hilfen in anderen Lebenslagen. § 70 SGB XII regelt die Hilfe zur Weiterführung des Haushalts, wenn dies ohne Hilfe nicht möglich ist. Dies kann insbesondere ältere oder behinderte Menschen treffen, wenn hierüber eine Unterbringung in einer stationären Einrichtung vermieden werden kann. Nach § 71 SGB XII wird Altenhilfe gewährt. Durch diese Leistung sollen Schwierigkeiten, die durch das Alter entstehen, verhütet, überwunden oder abgemildert werden und alte Menschen die Möglichkeit erhalten, am Leben in der Gemeinschaft teilzunehmen. Dies können Beratung und Unterstützungsleistungen sein, oder auch Leistungen zum Besuch kultureller Veranstaltungen, vgl. § 70 II SGB XII. § 72 SGB XII regelt die Blindenhilfe, wonach blinden Menschen zum Ausgleich der durch die Blindheit bedingten Mehraufwendungen Geldleistungen gewährt werden. Zur Höhe vgl. § 72 II SGB XII. § 73 SGB XII enthält eine Art Öffnungsklausel. Wenn Leistungen in sonstigen, vom Gesetzgeber nicht explizit im Gesetz angesprochenen Lebenslagen notwendig werden, können diese geleistet werden. § 74 SGB XII regelt die Bestattungskosten.

Literatur

📖 Vgl. Entscheidung des *Hess. LSG vom 14.2.2006, Az. L 7 SO 1/06 ER* zur Hilfe zur Weiterführung des Haushalts in Bezug auf eine Haushaltshilfe.
📖 Vgl. zur Frage der Übernahmen von Bestattungskosten: *BSG, Entscheidung vom 25.8.2011, Az. B 8 SO 20/10 R.*

8. Organisation und Finanzierung

Die sachliche und örtliche Zuständigkeit ist in den §§ 97 SGB XII geregelt. Danach ist die sachliche Zuständigkeit auf die örtlichen und überörtlichen Sozialhilfeträger verteilt und wird gemäß § 97 II SGB XII in der Regel durch Landesrecht bestimmt. Falls eine

102

landesrechtliche Regelung fehlt, greift § 97 III SGB XII. Die örtliche Zuständigkeit ist in § 98 SGB XII geregelt.

Bemerkenswert ist hinsichtlich der Leistungserbringung, dass diese vielfach nicht von den Ämtern für Soziale Dienste/Sozialämtern erbracht wird, sondern dass hier Träger der freien Wohlfahrtspflege, wie Wohlfahrtsverbände etc. die Leistung erbringen. Vielfach findet man also eine Trennung von Leistungsträgern und Leistungserbringern. Dies ist bereits im Gesetz angelehnt und ausdrücklich gewollt (vgl. § 5 SGB XII).

Die Leistungen der Sozialhilfe sind steuerfinanziert.

Exkurs: Das Asylbewerberleistungsgesetz (AsylbLG)

Das AsylbLG regelt die Leistungsansprüche für Ausländer, die in der Bundesrepublik insbesondere Asyl erhalten wollen (vgl. im Einzelnen § 1 AsylbLG). Dieser Personenkreis bekommt keine Sozialhilfe nach dem SGB XII (Ausnahme: § 2 I AsylbLG), sondern Leistungen nach dem AsylbLG. Die Leistungen nach dem AsylbLG sind gemäß § 3 I AsylbLG in erster Linie Sachleistungen für Ernährung, Unterkunft, Heizung, Kleidung etc. und ein geringer Barbetrag (ab dem 15. Lebensjahr beispielsweise 40,90 €, vgl. § 3 I Nr. 2 AsylbLG). Zudem werden Leistungen bei Krankheit, Schwangerschaft und Geburt in erheblich eingeschränktem Maße nach § 4 AsylbLG gewährt. Hintergrund dieser Verringerung der Leistungen gegenüber der Sozialhilfe und die Erbringung in Form von Sachleistungen oder Wertgutscheinen ist die Minderung des Anreizes, in die Bundesrepublik aus rein wirtschaftlichen Gründen einzureisen. Auch geht man davon aus, dass der Anreiz für Schlepperorganisationen sich verringert, da dieser Personenkreis kaum noch über Barmittel verfügt. Das BVerfG hat nun in seiner Entscheidung vom 18.7.2012 die Regelungen des AslbwLG für verfassungswidrig erklärt (siehe hierzu auch oben unter Kap. 1 I 2.) und den Gesetzgeber aufgefordert, die Leistungen anzupassen.

Literatur

BVerfG, Entscheidung vom 18.7.2012, Az. 1 BvL 10/10, 1 BvL 2/11
Ralf Rothkegel, Das Gericht wird´s richten – das AsylblG-Urteil des Bundesverfassungsgerichts und seine Ausstrahlungswirkungen, ZAR 2012, 357

III. Das SGB IX – Rehabilitation und Teilhabe behinderter Menschen

Das SGB IX enthält Regelungen zur Rehabilitation und Teilhabe behinderter Menschen. Bereits nach § 10 SGB I hat das Sozialgesetzbuch die Teilhabe und Selbstbestimmung behinderter Menschen in unterschiedlichen Bereichen und durch unterschiedliche Maßnahmen zu ermöglichen. Die Verwirklichung dieser Maßnahmen und Ziele, wie z.b. die Behinderung abzuwenden, zu beseitigen oder zu mindern (§ 10 Nr. 1 SGB I) oder einen entsprechenden Platz im Arbeitsleben zu sichern (§ 10 Nr. 3 SGB I), ist in den verschiedenen Teilen des Sozialgesetzbuches erfolgt.

So gibt es spezielle Leistungen für Menschen mit Behinderung im SGB III, aber auch die Eingliederungshilfe nach dem SGB XII. Noch ausdrücklicher kodifiziert ist die Aufgabe des SGB IX in § 1 SGB IX, wonach Selbstbestimmung und Teilhabe am Leben in der Gemeinschaft durch die Leistungen des SGB IX ermöglicht werden sollen.

Zur Vereinheitlichung der Rehabilitationsleistungen im Sozialgesetzbuch ist das SGB IX zum 1.7.2001[25] in das Sozialgesetzbuch eingeführt worden, §§ 1-67 SGB IX. Ebenfalls im SGB IX findet sich das Schwerbehindertenrecht, §§ 68-160 SGB IX. Das SGB IX ist somit zweigeteilt.

1. Regelungen für behinderte und von Behinderung bedrohte Menschen nach §§ 1-67 SGB IX

Die §§ 1-67 SGB IX betreffen Rechtsvorschriften, die für mehrere Sozialleistungsbereiche einheitlich gelten. Dieser Teil des SGB IX harmonisiert die Rechtsvorschriften zur Rehabilitation Behinderter, die in den einzelnen Leistungsgesetzen (GUV, GKV, Entschädigungsrecht, GRV, Arbeitsförderung, KJHG, Sozialhilfe) zu finden sind und enthält Verfahrensbestimmungen, Definitionen und Grundsätze. Dieser Teil des SGB IX wird daher auch vielfach als Harmonisierungs-, Koordinierungs- und Ergänzungsgesetz bezeichnet.

---

[25] Gesetz vom 19.6.2001, BGBl. I, S. 1046; Vorgängerregelungen das Reha-Angleichungsgesetz und das Schwerbehindertengesetz.

104

In den allgemeinen Regelungen ab § 1 ff. SGB IX finden sich daher eine Reihe von Definitionen und Grundsätzen des Rehabilitationsrechts. Eine für das gesamte Sozialgesetzbuch relevante Definition findet sich in § 2 SGB IX, wo der Begriff der Behinderung definiert wird. Danach sind Menschen behindert, wenn ihre körperliche Funktion, geistige Fähigkeit oder seelische Gesundheit mit hoher Wahrscheinlichkeit länger als sechs Monate von dem für das Lebensalter typischen Zustand abweicht und daher ihre Teilhabe am Leben in der Gesellschaft beeinträchtigt ist. § 2 II SGB IX bestimmt, wann eine Schwerbehinderung vorliegt. Weiter bildet das SGB IX in § 5 Leistungsgruppen und benennt in § 6 die verschiedenen Rehabilitationsträger, die für die Leistungen zuständig sind.

So ist beispielsweise die gesetzliche Krankenversicherung Träger der Leistungen zur medizinischen Rehabilitation, vgl. § 6 I Nr. 1 SGB IX. Bei einer so komplexen Problematik wie Behinderung, die den ganzen Lebensbereich berührt und die Betroffenen in der Regel das ganze Leben begleiten wird, ist insbesondere die Zusammenarbeit und die Koordination der Leistungen von besonderer Bedeutung. Dieser Problematik widmen sich die §§ 10 ff. SGB IX. Besonders hervorzuheben ist die Zuständigkeitserklärung nach § 14 SGB IX, die ebenso wie die gemeinsamen Servicestellen eine schnelle und gute Beratung und Bewilligung der Leistungen ermöglichen soll.

Hervorzuheben ist auch hier die Möglichkeit, die Leistungen als persönliches Budget zu erhalten, § 17 II SGB IX.

Literatur

Herrmann Plagemann, Persönliches Budget – Chance für mehr Teilhabe, Fiat iustitia – Recht als Aufgabe der Vernunft, 2006, S. 171.

Die Leistungen sind in den §§ 26 ff. SGB IX im Einzelnen bestimmt. Vgl. auch § 29 SGB I.

Leistungen des SGB IX - Übersicht
- Leistungen zur medizinischen Rehabilitation, §§ 26 ff. SGB IX
- Leistungen zur Teilhabe am Arbeitsleben, §§ 33 ff. SGB IX
- Unterhaltssichernde und ergänzende Leistungen, §§ 44 ff. SGB IX
- Leistungen zu Teilhabe am Leben in der Gemeinschaft, §§ 55 ff. SGB IX

Im Rahmen der Leistungen zur Teilhabe am Arbeitsleben ist besonders die mit Wirkung zum 30.12.2008[26] eingeführte unterstützte Beschäftigung nach § 38a SGB IX hervorzuheben. Diese soll Menschen mit Behinderung insbesondere ermöglichen eine sozialversicherungspflichtige Beschäftigung aufzunehmen.

Literatur

Sabine Wendt. Rechtsfragen der „Unterstützten Beschäftigung" für behinderte Menschen, Behindertenrecht 2009, 1 ff.

2. Das Schwerbehindertenrecht nach §§ 68-169 SGB IX

§§ 68-160 SGB IX regeln das Schwerbehindertenrecht. Dieses soll der Eingliederung in Arbeit und Gesellschaft und dem besonderen Schutz dieses Personenkreises dienen. Die Behinderung kann auf Antrag durch die zuständigen Versorgungsämter festgestellt werden und ein entsprechender Ausweis wird ausgestellt, § 69 SGB IX.

Schwerbehinderten Menschen wird durch das SGB IX eine Reihe von Vergünstigungen gewährt. Hierzu zählt die unentgeltliche Beförderung im öffentlichen Personennahverkehr (§§ 145 ff. SGB IX), der Zusatzurlaub (§ 125 SGB IX) und diverse weitere Maßnahmen zum Ausgleich der Behinderung (vgl. §§ 122 ff. SGB IX). Besonders hervorzuheben ist der besondere Kündigungsschutz für schwerbehinderte Arbeitnehmer (§§ 85 ff. SGB IX).

Dieser Abschnitt des SGB IX enthält auch diverse Verpflichtungen bzw. Rechte für Arbeitgeber. U.a. enthält es die Verpflichtung von Arbeitgebern, behinderte Menschen zu beschäftigen bzw. zur

---

[26] Gesetz vom 22.1.2008, BGBl. I, S. 2959

Zahlung einer Ausgleichsabgabe (§§ 71 ff. SGB IX). Zudem werden begleitende Hilfen im Arbeitsleben (z.B. Geldleistungen an Arbeitnehmer oder Arbeitgeber zur behindertengerechten Ausstattung des Arbeitsplatzes, § 102 II, III, IV iVm der Schwerbehinderten AusgleichsabgabenVO) gewährt.

Das SGB IX trifft in §§ 94 ff. SGB IX Regelungen zur Schwerbehindertenvertretung in Betrieben und Dienststellen.

Es finden sich hier zudem Regelungen zu den Werkstätten für behinderte Menschen, §§ 136 ff. SGB IX.

IV. Weitere Gesetze im System der Hilfe und Förderung

Das System der Hilfe und Förderung ist in weiteren Einzelgesetzen geregelt, auf die hier kurz eingegangen werden soll:

1. Das SGB VIII – Kinder- und Jugendhilfe

Nach § 1 I SGB VIII hat jeder junge Mensch ein Recht auf Förderung seiner Entwicklung und auf Erziehung zu einer eigenverantwortlichen und gemeinschaftsfähigen Persönlichkeit. Das SGB VIII soll zur Verwirklichung dieses Rechts nach § 1 III SGB VIII durch Leistungen, Beratung und Unterstützung, Schutz, sowie durch Schaffung positiver Lebensbedingungen für junge Menschen und ihre Familien, beitragen. Der Regelungsbereich der Kinder- und Jugendhilfe ist daher sehr breit und vielschichtig. Es unterscheidet zwischen allgemeinen Angeboten der Kinder- und Jugendhilfe und individuellen Hilfen für Einzelne, z.B. der Hilfe zur Erziehung.

Literatur

📖 Siehe im Einzelnen das in dieser Reihe erschienen Skript: Corinna Grühn, Einführung in das Kinder- und Jugendhilferecht

2. Die sog. familienentlastenden Leistungen/ Familienleistungsausgleich

Nach § 6 SGB I hat, wer Kindern Unterhalt zu leisten hat, ein Recht auf Minderung der dadurch entstehenden wirtschaftlichen Belastungen. Aus diesem Grunde finden sich im Einkommensteuerrecht Kindergeld und Kinderfreibetrag, Kindergeld im Bundeskindergeldgesetz, Ausbildungsfreibeträge und Kinderbetreuungskosten ebenfalls im Einkommenssteuerrecht, Elterngeld im BErzGG bzw. Elternzeit im Bundeselterngeld- und Elternzeitgesetz,[27] sowie Mutterschaftsgeld nach dem Mutterschutzgesetz und Unterhaltssicherung nach dem Unterhaltsvorschussgesetz. Ab dem 1.8.2013 wird nach § 4a BEEG auch das sog. Betreuungsgeld in Höhe von 150 € (§ 4b BEEG) gewährt, für Eltern, die ihre Kinder Zuhause betreuen.

Literatur

📖 Siehe zum Elterngeld im Einzelnen: Thomas Voelzke / Rainer Schlegl, Das Elterngeld, jurisPR-SozR 1/2007 Anm. 4.

📖 Wolfgang Ewer, Kompetenz des Bundesgesetzgebers zur Einführung des Betreuungsgeldes?, NJW 2012, 2251

3. Die Ausbildungsförderung nach dem BAföG

Die Ausbildungsförderung findet sich neben den Regelungen im SGB III, welches die betriebliche Ausbildung umfasst, im Bundesausbildungsförderungsgesetz (BAföG), wonach Hilfen während der Ausbildung in Schulen und Hochschulen gewährt werden. Bereits § 3 I SGB I macht dieses zur Aufgabe des Sozialgesetzbuches. Die Leistungen betreffen die Sicherung des Lebensunterhaltes und die Ausbildung durch Geldleistung. Die Leistung erfolgt zur Hälfte als Darlehen. Seit dem 1.4.2001 wird auch ein sog. Bildungskredit für bestimmte Personengruppen gewährt, §§ 17 III, 18c BAföG.

4. Das Wohngeld nach dem WoGG

§ 7 SGB I sieht als Aufgabe des Sozialgesetzbuches auch die Leistung eines Zuschusses zu angemessenem Wohnraum vor. Realisiert wird dies u.a. durch das Wohngeldgesetz. Hierbei handelt sich um eine Beihilfe für einkommensschwache Personen für angemessenen Wohnraum. Leistungen nach dem SGB II und dem WoGG schließen sich gegenseitig aus, wenn bei der Leistungsberechnung Kosten der Unterkunft berücksichtigt worden sind, § 1 II Nr. 1 WoGG.

---

[27] Gesetz zur Einführung des Elterngeldes vom 5.12.2006, in Kraft zum 1.1.2007, BGBl. I, S. 2748.

Literatur

📖 Antje Wrackmeyer, Zum Verhältnis zwischen SGB II und Wohngeldgesetz, NDV 2007, 45 ff.

Kapitel 4: Das Soziale Entschädigungssystem

Das Entschädigungsrecht ist – wie in Kapitel 1 dargelegt – als Nachteilsausgleich für besondere Schäden konzipiert. Diese Schäden werden hier von staatlicher Seite ausgeglichen, weil die Allgemeinheit hierfür eine besondere Verantwortung trägt, vgl. auch § 5 SGB I. Das Entschädigungsrecht ist ursprünglich für die Versorgung von geschädigten Soldaten des 1. und 2. Weltkrieges und ihre Hinterbliebenen im Bundesversorgungsgesetz (BVG) konzipiert worden, sodann über das Soldatenversorgungsgesetz (SVG) auf die Versorgung der Soldaten der Bundeswehr ausgedehnt worden. Inzwischen gibt es eine Reihe von weiteren Gesetzen, in denen auf das BVG verwiesen wird. Hierzu zählen das ZDG, HHG, IfSG, OEG und auch die „unechte Unfallversicherung" nach § 2 SGB VII. Siehe hierzu die Übersicht „Dreiteilung der Sozialen Sicherung" in Kapitel 1.

I. Das BVG und das SVG

Das BVG regelt die Versorgung bei einer Schädigung während der Ausübung des militärischen Dienstes, bei einer militärischen oder militärähnlichen Verrichtung, bzw. durch eine Wehrdienstverrichtung, oder durch die diesem Dienst eigentümlichen Verhältnisse, § 1 I BVG. Das SVG kennt in § 81 I SVG entsprechende Tatbestände bezogen auf den Wehrdienst bei der Bundeswehr.

Beispiel 1: M ist Bundeswehrsoldat und kommt bei einem Auslandseinsatz bei einem Schusswechsel ums Leben. Seine Ehefrau F geht von einer Wehrdienstbeschädigung aus und möchte nunmehr nach §§ 80 II SVG iVm § 38 I 1 BVG Witwenrente erhalten. Zu Recht?

Lösung: Der Antrag wäre erfolgreich, wenn es sich bei dem Schusswechsel um eine Wehrdienstbeschädigung handeln würde. Nach § 81 I SVG liegt eine WDB vor, wenn die gesundheitliche Schädigung durch eine Wehrdienstverrichtung, durch einen während der Ausübung des Wehrdienstes erlittenen Unfall oder durch die dem Wehrdienst eigentümlichen Verhältnisse herbeigeführt wurde. Dies ist bei dem Schusswechsel der Fall.

§ 1a BVG sieht eine Möglichkeit des Leistungsentzuges für grundsätzlich Berechtigte vor, wenn der Berechtigte während der Herrschaft des Nationalsozialismus gegen die Grundsätze der

110

Menschlichkeit oder Rechtsstaatlichkeit verstoßen hat und nach dem 13.11.1997 einen Antrag auf Leistungen gestellt hat. Hiermit wollte der Gesetzgeber dem Umstand Rechnung tragen, dass es unbillig ist, Versorgungsleistungen auch Personen zu gewähren, die während des Dritten Reiches entgegen den Grundsätzen der Menschlichkeit oder Rechtsstaatlichkeit gehandelt haben.

Literatur

📖 *Vgl. die Entscheidung des BSG vom 5.7.2007, Az. B 9/9a V 5/05 R.*

II. Das OEG

Das Opferentschädigungsgesetz dient der Entschädigung von Personen, die Opfer einer Gewalttat geworden sind. Nach § 1 I OEG erhält, wer infolge eines vorsätzlichen, rechtswidrigen tätlichen Angriffs gegen seine oder eine andere Person, oder durch dessen rechtmäßige Abwehr, eine gesundheitliche Schädigung erlitten hat, wegen der gesundheitlichen und wirtschaftlichen Folgen auf Antrag Versorgung in entsprechender Anwendung der Vorschriften des BVG. Die Frage, ob ein tätlicher Angriff vorliegt, ist immer wieder Gegenstand gerichtlicher Entscheidungen.

Beispiel 2: Die K besucht den T in seiner Wohnung. Die beiden geraten in Streit und T will nicht, dass K seine Wohnung verlässt. Zweimal versucht K zur Wohnungstür zu gelangen, zweimal stößt T sie zurück. K gerät in Panik und springt aus dem Fenster im 2. OG und trägt diverse Verletzungen davon. T wird wegen Freiheitsberaubung zu einer auf Bewährung ausgesetzten Freiheitsstrafe von einem Jahr verurteilt. K möchte Ansprüche nach dem OEG iVm dem BVG gelten machen. Zu Recht?

Lösung: K müsste Opfer eines vorsätzlichen, rechtswidrigen tätlichen Angriffs gemäß § 1 I OEG geworden sein. Vorsatz und Rechtswidrigkeit sind gegeben, vgl. die strafrechtliche Verurteilung. Fraglich ist hier, ob die Freiheitsberaubung ein tätlicher Angriff war. Neben den Angriffen auf die körperliche Unversehrtheit wird auch ein Angriff auf die körperliche Bewegungsfreiheit als tätlicher Angriff iSd § 1 I OEG von der Rechtsprechung anerkannt. Hier ist die Grenze zur Gewalttat überschritten, wenn eine Person durch Mittel körperlicher Gewalt ihrer Freiheit beraubt und / oder dieser Zustand durch Tätlichkeiten aufrechterhalten wird. Hier hindert der T die K am Verlassen der Wohnung und stößt sie zweimal zurück. Damit macht er deutlich, dass er sie ggf. auch weiterhin daran hindern wird, die Wohnung zu verlassen. Der schädigende Vorgang endet auch nicht mit der Freiheitsberaubung, sondern schließt die Flucht und das schädigende Ereignis des Absturzes mit ein. Der ursächliche Zusammenhang und die Kausalität zwischen Angriff und Schaden ist damit gegeben. K hat damit einen Anspruch auf Versorgung nach § 1 I OEG iVm § 11 BVG (Heilbehandlung). Ob weitere Leistungen, z.B. Renten in Betracht kommen, lässt sich dem Sacherverhalt nicht entnehmen.

Literatur

📖 *Vgl. die Entscheidung des BSG vom 30.11.2006, Az. B 9/9a VG 4/05 R*

Beispiel 2a: S lebte mehrere Jahre mit dem alkoholkranken T zusammen. S versuchte die Beziehung zu beenden, T wollte dies nicht akzeptieren und stellte ihr hartnäckig nach. T wurde deshalb nach § 238 StGB – Nachstellung („Stalking") zu Freiheitsstrafen verurteilt. S stellt, da sie aufgrund der Nachstellungen an einer Posttraumatischen Belastungsstörung erkrankt, einen Antrag auf Leistungen nach § 1 OEG. Stellt Stalking einen rechtswidrigen, tätlichen Angriff dar?

Lösung: Nach Auffassung des BSG ist Stalking nicht generell als tätlicher Angriff iSd OEG zu werten. Dieser Begriff setzt grundsätzlich eine in feindlicher Willensrichtung unmittelbar auf den Körper eines anderen zielende, gewaltsame Einwirkung voraus. Je geringer die Kraftanwendung durch den Täter ist, desto genauer muss geprüft werden, inwiefern durch die Handlung eine Gefahr für Leib oder Leben des Opfers bestand. Die Drohung mit Gewalt ist nur dann als tätlicher Angriff anzusehen, wenn die Gewaltanwendung unmittelbar bevorsteht. Hingegen reichen „gewaltlose", insbesondere psychische Einwirkungen auf das Opfer nicht aus.

Literatur

📖 *Vgl. die Entscheidung des BSG vom 7.4.2011, Az. B 9 VG 2/10 R*

Versagensgründe sind in § 2 OEG geregelt. Danach wird eine Versorgung ausgeschlossen, wenn der Geschädigte den Schaden selbst verursacht hat oder es unbillig wäre, Entschädigung zu gewähren.

Literatur

📖 *Vgl. zur Frage der Entschädigung im Strafvollzug die Entscheidung des BSG vom 30.11.2006, Az. B 9/9a VG 4/05 R.*

Problematisch kann in bestimmten Fällen die Frage des Beginns der Versorgung sein, insbesondere bei Straftaten, die bereits einige Zeit zurückliegen.

112

Beispiel 3: Die im Oktober 1995 geborene K wurde über Jahre hinweg von ihrem Stiefvater sexuell schwer missbraucht. Im Februar 2013 verließ sie die elterliche Wohnung; seither lebt sie in einem Jugendheim. Der Stiefvater wurde im Dezember 2012 angezeigt und am 1. Juni 2013 vom Landgericht wegen vier konkreter Taten – die letzte im Dezember 2012 - zu einer Freiheitsstrafe verurteilt. Ebenfalls im Februar 2013 beantragte K Beschädigtenversorgung nach dem OEG. Der zuständige Sozialleistungsträger erkannte eine „Persönlichkeitsstörung mit depressiven Zügen" als Folge des Missbrauchs an und stellte eine Minderung der Erwerbsfähigkeit (MdE) um 60 vom Hundert fest. Ein Anspruch auf Grundrente nach § 1 I OEG iVm § 31 I BVG in Höhe von 295 € monatlich steht ihr zu. Doch ab wann wird ihr die Leistung gewährt?

Lösung: § 60 I 1 BVG besagt, dass die Versorgung mit dem Monat beginnt, in dem die Voraussetzungen erfüllt sind, frühestens mit dem Antragsmonat. Dies wäre hier der Februar 2013. Die Versorgung ist nach § 60 I 2 BVG auch für Zeiträume vor der Antragstellung zu leisten, wenn der Antrag innerhalb eines Jahres nach Eintritt der Schädigung gestellt wird. Die letzte Schädigungshandlung – der letzte Missbrauch – fand im Dezember 2012 statt; ein Antrag ist hier also binnen Jahresfrist gestellt, so dass Leistungen auch für den Zeitraum vor Februar 2013 in Betracht kommen. Da der Zeitpunkt der letzten Schädigung mit Dezember 2012 datiert ist, kommt eine Versorgung bereits zum Dezember 2012 in Betracht.

Literatur

📖 *Vgl. die Entscheidung des BSG vom 28.4.2005, Az. B 9/0 VG 1/04*
📖 Siehe zur Entschädigung von geschädigten Kindern insgesamt:
Dirk Heinz, Ansprüche nach dem Recht der sozialen Entschädigung für gewaltgeschädigte Kinder, SGb. 2007, 145.

III. Weitere Gesetze

Das Infektionsschutzgesetz bietet in den §§ 56-65 IfSG Entschädigungstatbestände, die insbesondere greifen, wenn Personen einen Impfschaden aufgrund einer empfohlenen oder angeordneten Impfung erleiden, § 60 IfSG.

Das Häftlingshilfegesetz (HHG) bietet Hilfe für Deutsche, die außerhalb der BRD aus politischen Gründen in Gewahrsam genommen wurden. Das StrRehaG – Strafrechtliches Rehabilitationsgesetz und das VwRehaG – Verwaltungsrechtliches Rehabilitationsgesetz bieten Entschädigung für Personen, die Opfer staatlichen Unrechts der DDR geworden sind.

IV. Die Leistungen

Das Entschädigungsrecht hat ein breites Spektrum an Leistungen, welche der Schadensbeseitigung bzw. dem Schadensausgleich dienen. Die Leistungsnormen des BVG gelten auch für die auf sie Bezug nehmenden Normen des übrigen Entschädigungsrechts, vgl. beispielsweise § 1 I 1 OEG.

Zu den Leistungen zählen:

* Heil- und Krankenbehandlung nach §§ 10 ff. BVG inklusive der Versehrtenleibesübungen und des Versorgungskrankengeldes nach § 16 BVG,
* Leistungen zur Teilhabe am Arbeitsleben, § 26 BVG,
* Beschädigtenrente §§ 29-34 BVG, in Form der Grundrente, des Berufsschadensausgleichs und der Ausgleichsrente,
* Pflegezulage, § 35 BVG,
* Bestattungsgeld, §§ 36, 53 BVG und Sterbegeld, § 37 BVG,
* Hinterbliebenenrente, §§ 38-52 BVG,
* Kriegsopferfürsorge nach §§ 25-27j BVG, die in Teilen der Sozialhilfe (SGB XII) gleicht.

V. Organisation

Die Durchführung des Entschädigungsrechts obliegt, den Versorgungsämtern bzw. den Landesversorgungsämtern.

Kapitel 5: Der Allgemeine Teil des SGB und das Sozialverwaltungs- und gerichtsverfahren – SGB I, X, SGG / VwGO

Das SGB I und das SGB X enthalten Regelungen, die grundsätzlich für das Sozialgesetzbuch und die besonderen Teile des SGB nach § 68 SGB I gelten – vorrangig sind jedoch die in den einzelnen Büchern verankerten Sonderregelungen, § 37 I SGB I. Das sozialrechtliche Gerichtsverfahren richtet sich – je nachdem welcher sozialrechtliche Bereich betroffen ist – nach dem SGG oder der VwGO. Im Folgenden werden einzelne Aspekte dieser Gesetze beleuchtet.

I. Das SGB I – der allgemeine Teil

Das SGB I beginnt in seinen §§ 1-10 SGB I mit einer Aufzählung der Aufgaben des SGB und der sozialen Rechte. Ab §§ 18 ff. SGB I finden sich die einzelnen Leistungsübersichten für die jeweiligen Leistungszweige. Auf diese Normen ist bei den einzelnen Teilen des Sozialrechts bereits eingegangen worden.

In den §§ 13-15 SGB I finden sich Regelungen zur Aufklärung, Beratung und Auskunft, die Nebenpflichten des Sozialleistungsträgers darstellen. Die Aufklärung nach § 13 SGB I beinhaltet die generelle Verpflichtung der Leistungsträger, ihrer Verbände und die sonstigen genannten öffentlich-rechtlichen Vereinigungen, die Bevölkerung im Rahmen ihrer Zuständigkeit über Rechte und Pflichten zu informieren.

Beispiel 1: Z.B. durch Info-Broschüren, Internetauftritte, Zeitungsmitteilungen.

Bestimmte Sozialleistungsträger wie z.B. die Träger der gesetzlichen Krankenversicherung sind zudem zur Auskunft nach § 15 SGB I verpflichtet, d.h. sie müssen insbesondere Auskunft zu Fragen der zuständigen Sozialleistungsträger geben, auch wenn es nicht ihren Zuständigkeitsbereich betrifft.

Beispiel 2: Z geht zu ihrer AOK, da sie einen Arbeitsunfall hatte und nicht weiß, an wen sie sich mit dieser Problematik wenden soll. Die AOK muss der Z nun zumindest den für sie zuständigen Leistungsträger der gesetzlichen Unfallversicherung nennen und soweit sie in der Lage ist auch die Sach- und Rechtsfragen beantworten, § 15 II SGB I.

Die Beratungspflicht nach § 14 SGB I ist die umfassende, konkrete und individuelle Informationsvermittlungs- und Unterstützungspflicht, die die Leistungsträger haben. Diese Beratungspflicht trifft daher auch die Leistungsträger gegenüber denen die Rechte / Ansprüche geltend zu machen sind. Ein Beratungsmangel kann zu einem sozialrechtlichen Herstellungsanspruch führen, d.h. wenn der Leistungsträger falsch oder unvollständig berät, der Leistungsberechtigte dadurch einen Nachteil oder Schaden erleidet, hat der Leistungsberechtigte einen Anspruch auf die Herstellung des rechtlichen Zustandes, der bestünde, wenn der Leistungsträger seine Verpflichtung – Beratung – nicht verletzt hätte.

Beispiel 3: Y lässt sich bei der Rentenberatung hinsichtlich ihrer Rentenansprüche beraten. Der Berater X unterlässt es, sie darauf hinzuweisen, einen Antrag zu stellen, der ihren Altersrentenanspruch erhöhen würde. Dieser Antrag kann nur in einem bestimmten zeitlichen Fenster gestellt werden, ansonsten entfällt der Anspruch. Aufgrund der mangelhaften Beratung unterlässt Y die Antragstellung und ihr entgehen die Altersrentenerhöhungen. Y hat nunmehr einen Anspruch nach dem sozialrechtlichen Herstellungsanspruch, der sie so stellt, als hätte sie den Antrag rechtzeitig gestellt.

Literatur

📖 *Vgl. die Entscheidung des BSG vom 5.9.2006, , Az. B 7a AL 70/05 R mit Anm. Ralf Becker, jurisPR-SozR 15/2007 Anm.* 2 – zum Sozialrechtlichem Herstellungsanspruch wegen Verletzung einer Hinweispflicht nach § 14 SGB I im Rahmen einer Gruppenberatung / Arbeitslosengeld

📖 *Vgl. die Entscheidung des SG Lüneburg vom 9.11.2006, , Az. S 25 AS 163/06* zur fehlerhaften Beratung in Fragen des SGB II (Mietkaution)

Ebenfalls im SGB I in den §§ 60 ff. sind die Mitwirkungspflichten der Leistungsberechtigten geregelt. Hiernach haben die Leistungsberechtigten verschiedene Verpflichtungen wie die Angabe von Tatsachen, persönliches Erscheinen, aber auch die Verpflichtung, sich untersuchen zu lassen, bzw. einer Heilbehandlung zu unterziehen.

Diese Verpflichtungen sind jedoch begrenzt, § 65 SGB I – der Leistungsberechtigte muss sich beispielsweise nicht jeder Heilbehandlung unterziehen, wenn diese mit erheblichen Schmerzen verbunden ist. Fehlt es an der Mitwirkung, hat der Leistungsträger die Möglichkeit, die Leistung zu versagen oder zu entziehen, § 66

SGB I. Wird die Mitwirkung nachgeholt, gilt § 67 SGB I. Die Leistungen können nachträglich ganz oder teilweise erbracht werden.

Beispiel 3a: Z leidet aufgrund des Todes ihres Partners an einer mittelschweren depressiven Symptomatik, die zur Arbeitsunfähigkeit führt. Sie erhält daher Krankengeld nach § 44 SGB V. Nach einer ärztlichen Untersuchung wurde empfohlen ein psychosomatisch-psychotherapeutisches Reha-Verfahren durchzuführen. Die Deutsche Rentenversicherung A bewilligte daraufhin eine stationäre Leistung zur medizinischen Rehabilitation. Diese wollte Z nicht antreten und erhob gegen diesen Bescheid Widerspruch, weil sie aufgrund familiärer Verpflichtung (Versorgung demenzkranker Mutter und minderjährigem Enkel) eine ambulante Maßnahme wahrnehmen wolle. Der behandelnde Arzt bestätigte, dass eine stationäre Maßnahmen und die dadurch bedingte Trennung von der Familie, dem Gesundheitszustand eher abträglich wäre. Die zuständige Krankenkasse stellte aufgrund fehlender Mitwirkung – also dem Nichtantritt der stationären Reha-Maßnahme – die Zahlung des Krankengeldes ein. Zu Recht?

Lösung: Ermächtigungsgrundlage für die Einstellung der Leistung des Krankengeldes könnte hier § 66 SGB I sein. Dann müsste Z ihre Mitwirkungspflicht verletzt haben. In Betracht kommt hier die Pflicht nach § 63 SGB I. Zum einen hat Z hier jedoch bereits angeboten, die Reha-Maßnahme ambulant durchzuführen, hat sich also nicht komplett der Heilbehandlung verweigert. Zum anderen kann hier auch die Grenze der Mitwirkung nach § 65 I Nr. 2 SGB I verletzt sein. Danach müsste Z die Mitwirkung aus einem wichtigen Grund nicht zumutbar sein. Z führt hier wesentliche familiäre Gründe an, die auch ärztlicherseits bestätigt werden. Z hat damit einen wichtigen Grund, der ihr die Mitwirkung unzumutbar macht. Die Entziehung der Leistung war damit rechtswidrig.

Literatur

📖 *Vgl. die Entscheidung des Bayr. LSG vom 12.5.2009, Az. L 5 KR 211/08.*

Vgl. zur Handlungsfähigkeit im Sozialgesetzbuch § 36 SGB I – wonach diese bereits ab Vollendung des 15. Lebensjahres gegeben ist.

II. Das SGB X – das Sozialverwaltungsverfahren

Das SGB X trifft in seinem ersten Teil Regelungen zum Sozialverwaltungsverfahren, die sich jedoch nur in Teilen von den

Regelungen des allgemeinen Verwaltungsrechts und hier des VwVfG unterscheiden. Hervorzuheben sind hier die Rücknahme und der Widerruf von Verwaltungsakten, §§ 44-47 SGB X, und insbesondere die Aufhebung eines Verwaltungsaktes mit Dauerwirkung bei Änderung der Verhältnisse. Letzterer hat aufgrund der zahlreichen Verwaltungsakte mit Dauerwirkung in der Sozialversicherung, hier sei nur der Rentenbescheid genannt, eine hohe Relevanz.

Literatur

📖 Bernd Pfeifer, Leistungen nach dem SGB II und dem SGB III: Zur Rücknahme rechtswidriger Bewilligungsbescheide, NZS 2005, 411 ff.

📖 Gernot Dörr, Bescheidkorrekturen, Rückforderung, Herstellung: Arbeitshandbuch zum Sozialverwaltungsrecht, 2013

Ab den §§ 67 ff. SGB X widmet sich das SGB X dem Sozialdatenschutz. Dieser Bereich hat im Sozialrecht besondere Bedeutung, da in nahezu allen Bereichen des Sozialrechts höchstpersönliche Daten, wie beispielsweise gesundheitliche Daten, erfasst und gesammelt und auch an weitere Stellen übermittelt werden. Weitere Regelungen zum Sozialdatenschutz finden sich in einzelnen Sozialgesetzbüchern.

Beispiel 4: Z beantragt Leistungen zum Lebensunterhalt nach dem SGB II. Die zuständige Behörde fordert Z zur Einreichung seiner Kontoauszüge der letzten drei Monate auf. Z reicht die Kontoauszüge ein, schwärzt jedoch die einzelnen Buchungstexte bis auf Miete, Krankenkasse u.ä. Die zuständige Behörde lehnt - nach erneuter Aufforderung und Hinweis auf die Folgen der Nichtbeibringung ungeschwärzter Kontoauszüge - die Zahlung der Leistung unter Berufung auf § 66 I SGB I ab. Rechtmäßig?

Lösung: Die Versagung der Leistung könnte nach § 66 SGB I rechtmäßig sein. Dies wäre der Fall wenn Z Mitwirkungspflichten hätte und diesen nicht nachgekommen wäre. Hier käme § 60 I Nr. 3 SGB I iVm § 67a I 1 SGB X in Betracht.

1. TB: Hierfür müssten die Tatbestandsvoraussetzungen vorliegen.

a) Vorlage von Beweisurkunden:
Beweisurkunden sind hier die Kontoauszüge. Diese sind auch notwendig, da man sonst die Bedürftigkeit und Berechtigung nach § 9 SGB II nicht feststellen kann. Es bedarf auch der Kontoauszüge der letzten drei Monate, da ansonsten die Informationen hinsichtlich der Kontobewegungen nicht ausreichend sind. Weiter müssen die Kontoauszüge auch

ungeschwärzt vorliegen, sonst kann man die Buchungen nicht nachvollziehen. Der letzte Punkt ist allerdings diskussionswürdig, da dem Z zum einen die Möglichkeit des anrechenfreien Zuverdienstes bis 100 € monatlich offen steht, d.h. entsprechende Zubuchungen müssten eigentlich nicht offengelegt werden. Auch die Abbuchungen sind nicht alle relevant – für Miet- und Heizkosten ist eine Offenlegung sicherlich notwendig, für die einzelnen Einkäufe o.ä. ist dies hingegen nicht relevant. Die Rechtsprechung (s.u.) geht jedoch davon aus, dass komplett ungeschwärzte Kontoauszüge vorgelegt werden müssen.

b) Grenze der Mitwirkungspflicht, § 65 SGB I: überschritten?
Das Gericht geht davon aus, dass Angemessenheit vorliegt, da es um Steuergelder geht, ggü. dem Recht, nicht alle Daten preisgeben zu müssen. Ein wichtiger Grund ist für die Rechtsprechung ebenfalls nicht ersichtlich. Auch eine einfachere Informationsbeschaffung durch den Leistungsträger ist nicht gegeben.

c) Der Schutz der Sozialdaten aus § 35 SGB I, §§ 67 ff. SGB X steht dem auch nicht entgegen, da es sich um leistungserhebliche Beweismittel handelt, die zur ordnungsgemäßen Erfüllung der Aufgaben notwendig sind.

2. Rechtsfolge: Versagung der Leistung § 66 SGB I
Nach Fristsetzung und schriftlichem Hinweis auf die Folgen, § 66 III SGB I, Nichtnachkommen Abs. 3, ist die Versagung der Leistung möglich.

3. Ergebnis
Die Versagung der Leistung ist rechtmäßig gem. § 66 SGB I, sollte Z die Mitwirkung nachholen, dann könnten ihm die Leistungen ganz oder teilweise, rückwirkend oder für die Zukunft erbracht werden.

Literatur

📖 *SG Reutlingen, 9.1.2007, Az. S 2 AS 1073/06; LSG NRW, 12.7.2006, Az. L 9 B 48/06 AS ER*

📖 *BSG, Entscheidung vom 19.2.2009, Az. B 4 AS 10/08 R; auch: BSG, Entscheidung vom 25.1.2012, Az. B 14 AS 65/11 R*

📖 Jürgen Winkler, Sozialverwaltungsverfahren und Sozialdatenschutz, 2004

📖 Bogislav Wilmers-Rauschert, Sozialdatenschutz in der freien Jugend- und Sozialhilfe, 2004

III. Das SGG und die VwGO

Die sozialrechtlichen Streitigkeiten umfassen einen bunten Strauß an Themenbereichen, der sich nicht nur auf das Leistungsrecht, sondern auch auf das Leistungserbringerrecht – siehe hier insbesondere das Vertragsarztrecht – und auch die Streitigkeiten –

zumeist Erstattungsstreitigkeiten nach den §§ 102 ff. SGB X –
zwischen den Leistungsträgern beziehen.

Das Besondere an den gerichtlichen Streitigkeiten des Sozialrechts ist, dass für sie zwei Verfahrensordnungen und zwei
Rechtswege einschlägig sind. So müssen sozialrechtliche Streitigkeiten entweder vor dem Verwaltungsgericht (VwGO) oder vor
dem Sozialgericht (SGG) ausgetragen werden. Die Zuständigkeit
des jeweiligen Gerichts richtet sich nach § 40 I VwGO, wenn nicht
§ 51 SGG greift.

Zuständigkeit Sozialgericht - Verwaltungsgericht - Übersicht

Sozialgericht - § 51 SGG	Verwaltungsgericht - § 40 VwGO
• Sozialversicherung • Arbeitsförderung • Soz. Entschädigung (ohne Kriegsopferfürsorge) • Schwerbehindertenrecht (soweit BA und Versorgungsämter) • Erziehungsgeld • Kinder-/Elterngeld nach BKKG/BEEG • Hilfe für Frauen bei Schwangerschaftsab-brüchen in bes. Fällen • Grundsicherung für Arbeitssuchende • Sozialhilfe **Achtung:** bei Kindergeld nach dem EStG ist das Finanzgericht zuständig	• Ausbildungsförderung • Wohngeld • Unterhaltsvorschuss • Kinder- und Jugendhilfe • Kriegsopferfürsorge (im Rahmen der soz. Entschädigung) • Schwerbehindertenrecht (Zuständigkeit der Integrationsämter) **Achtung Bremer Besonderheit:** Grundsicherung für Arbeitssuchende und Sozialhilfe waren in Bremen bis zum 1.1.2009 bei den Bremer Verwaltungsgerichten anhängig zu machen, vgl. § 50a ff SGG; seit dem 1.1.2009 sind auch in Bremen die Sozialgerichte zuständig

Die sozialrechtlichen Verfahren vor den Verwaltungsgerichten sind
– wie grundsätzlich die Verfahren vor den Sozialgerichten, § 183
SGG – gerichtskostenfrei, § 188 Satz 2 VwGO.

120

Der Aufbau der beiden Gerichtszweige ist dreigliedrig:

Verwaltungsgericht –Oberverwaltungsgericht – Bundesverwaltungsgericht
Sozialgericht – Landessozialgericht – Bundessozialgericht

Das sozialgerichtliche Verfahren bietet einige Besonderheiten: so kennt es die kombinierte Anfechtungs- und Leistungsklage, § 54 IV SGG und der einstweilige Rechtsschutz ist erst 2002[28] im SGG gesetzlich geregelt worden, vgl. §§ 86a f. SGG. Davor wurde § 123 VwGO analog angewendet.

Literatur

📖 Dirk Hölzer, Der einstweilige gerichtliche Rechtsschutz bei Streitigkeiten nach dem SGB II – Bilanz und Perspektiven der sozialgerichtlichen Rechtsprechung, info also 2010, 99

---

[28] 6. SGGÄndG vom 17.8.2001, BGBl. I, 2144.